親愛的女兒，假如媽媽明天死去

韓國名人　暖心推薦

「大人的建議常常讓人覺得頑固又嘮叨，跨世代的交流變得非常可貴。也許是因為這本書只保留了媽媽想讓女兒繼承美好東西的心意，所以我在閱讀的時候覺得『原來好的大人是這樣說話！連我都能聽進去』。

我在這本書中看到了世界上所有母親的心意。無論是想要獲得真正的大人所有的鼓勵和安慰、懷念無法再次聽見的父母話語，或是想和子女更靠近，我都推薦這本書！」

—《思考的角度》作者、心理學博士・李珉奎

「在讀這本書的過程中，可以感受到媽媽把珍愛的孩子放在懷裡、在耳邊輕聲呢喃的心意。作者的想法相當有深度，既溫暖又豐富。這本書就像《塔木德》一樣，透過作者的視角看到的世界，不僅帶給孩子，也帶給大人一個全新的觀點。當我覺得自己的存在非常脆弱、渺小時，當我想依靠在某人的肩膀時，就會想拿出這本書來讀。」

— KBS 電視劇《金科長》、《推理的女王 2》PD・崔允錫

「這本書生動地描繪了一位母親的人生故事。我在讀這本書時，想起了艾倫・阿亞奇（Alain Ayache）的《親親普奈麗－爸爸給女兒的貼心話》。雖然這兩本書的主題和故事不

同，但非常相似的是作者都將從自己父母身上得到的愛延續到子女身上。期待這本書能送到世界上所有的女兒和母親手中。」

－京畿道河南市長・金相浩

「在讀這本書的時候，我成為了作者的女兒。她露出溫暖的眼神擁抱並安慰我說『也有可能會發生那種事』；露出燦爛的笑容告訴我『更勇敢去愛吧！』，讓我得到生活下去的力量和勇氣。我學到了一個可貴的事，那就是『幸福就在我的身上』，以及『無論冬天在怎麼漫長，春天總會來的！』般閃耀的希望。翻開這本書的那一刻，你將會遇到如禮物般的今天。」

－前 YTN 主播・李允智

「我之前在 Brunch 的網站就已經愛上了她，她的文章總是很溫暖，充滿人情味。這本書也是一樣，讀得越多，內心就越溫暖。我們都會有感到憂鬱的時候和需要安慰的時候，這本書無論何時都會在你身邊療癒你的心靈，在你的心中產生奇蹟般的變化。」

－《奇蹟路程》作者・廉惠珍

「這本書蘊含著媽媽對心愛女兒的依戀，為疲憊的生活注入安慰和勇氣。在媽媽的信裡，藏有懂得控制自己心靈的智慧、跌倒也無妨的溫暖安慰，以及希望此時此刻女兒能感

受到幸福的心意，相信這些文字對世界上所有的子女都會有很大的幫助。」

　　　　　　－《其實我們已經習慣不幸的生活》作者‧康俊

　　「認識他是我的幸運，對世界充滿真心且溫暖的視角是她獨有的力量。這本書雖然是在對女兒說話，卻也是向辛苦疲憊的人們伸出援助之手的言語。當你握住那雙手時，內心肯定會變得舒坦。我翻開第一頁後就無法放下，讀這本書的人應該都會這樣。」

　　　　　　　　　　－《我下班去濟州島》作者‧申在賢

　　「作家把希望子女幸福的心情，像寫遺書一樣寫下的信變成了書。從此生會遇到的數萬個詞彙中挑選三十個如寶石般的詞彙，然後加以闡述。若能在未知的人生道路上遇見她的文章，想必就能感受到如一絲黎明般的安慰與幸福。」

　　　　　　　－《第一次聽說零用錢教育吧？》作者‧高敬愛

　　「世界上最溫暖的名字是『媽媽』。對女兒來說，媽媽是天空；對媽媽來說，女兒是世界上的光。有一天，作者姜聲花突然想到自己總有一天會離開人世，女兒得要獨自生活，便對女兒如同呢喃細語般開始寫信。這是一本溫暖的書，盛裝著媽媽希望女兒在疲憊或想倒下時，能夠順利克服的心意。」

　　　　　　　　　　－《溫暖的逗點，》作者‧韓尚林

「她的文字充滿對人的關懷，擁有能同時刺激感性和理性的奇妙魅力。在作者寫給女兒的信中，能感受到她想要傳遞給世界上所有人的真心。身為親子教育專家，貫穿整本書的『愛原本的自己』這句話深深打動。這本書傳達了媽媽最想對女兒說的話。」

　　　　　　　　　　── 《儘管如此還是感謝》作者‧劉美愛

　　「我在讀這本書時，希望我的孩子，不，希望所有的父母和子女都能看看這本書。作者給女兒的信不僅包含了媽媽真摯的愛，還包含了如何生活的哲學議題。只有好好生活的人才能傳遞這樣的真心，對於還找不到路而徬徨的人來說，我相信這本書會成為很好的指南。」

　　　　　　　　── 《中樂透之後還是會好好上班吧？》作者‧申載昊

　　「書中包含了這塊土地上所有大人想對子女說的話。她的言語帶給人能站起來的力量和勇氣，不再灰心，我的胸口也溫暖了起來。這是一本富有人生意義的珍貴書籍。」

　　　　　　　　　　　　　── 《你可以選擇》作者‧金智恩

　　「這本書不僅是寫給世上所有的女兒，也寫給所有子女和父母。這本書會教你拋開生疏、失敗的過去，瞭解分享的美德。書中沒有養育子女的正確答案，但可以找到方法。只要跟著作者的軌跡，一起走上這條尋找答案的光明道路就行了。」

　　　　　　　　── Brunch 網站作家‧尹賢珠（一切晴朗）

只想讓女兒繼承所有的美好

　　我很晚婚，第一個孩子流產後，好不容易才得到了一個寶貴的女兒。生下她的那天，我感受到天底下任何事物都無法比擬的幸福，但突有一絲不安閃過腦海，讓我開始動搖，「她那麼小還需要照顧，萬一我發生意外先離開，留下她獨自一人，該怎麼辦？」。每當看到親近的家人或朋友突然遭遇死亡，以及自己出現病痛的時候，我最先想到的人就是我的孩子。每個人都會面臨死亡，死亡並非與我無關，所以我無法不擔心某一天被獨自留下的孩子。

　　在父母心中，子女無論年紀多大，都像是剛學會走路的孩子一樣需要關愛，尤其在面對尚年幼，把媽媽當成全世界的孩子，更是如此。我在結了婚、當了媽媽之後才知道，我最害怕的事情，就是留下幼小的孩子一人。雖然孩子並沒有生病，媽媽們最懇切的願望，仍然是可以陪他健康長大，直到他能完全獨立。

不過，生死終究是天注定，任何人都無法保證。所以為了讓孩子能在媽媽某天不在時，還是找到方向、好好活下去，我決定要留下文章。希望這些字句能陪伴女兒度過每個生活難關時，能帶給她安慰和力量，幫助她過得更幸福。

其實我在好幾年前已經計畫好要寫這本書，但因為生活太過忙碌，所以一拖再拖。直到後來某天，我的身體開始出現異狀，還好不是什麼大病，持續調養後就恢復了，但我也因此覺得不能再繼續拖下去，便從那時起開始下筆寫信。我寫這些信的初衷是，就算媽媽明天突然從這個人世間消失，孩子的世界也不會崩塌；既然要活，就要開心、勇敢地活著，於是我像寫遺書一樣寫下所有想對孩子說的話，並將這些信集結成了一本書。

在社會上生活越來越艱難不易，世上所有的媽媽，都希望自己的孩子能平安走過這漫長的人生關卡。希望孩子無論何時都能珍惜自己、愛惜自己、好好度過這段被賦予的人生，信裡蘊含的，就是這些媽媽的心意。

身為一個媽媽、一個人生前輩，希望這本書不僅能帶給我的孩子，也能帶給所有人，在疲憊生活一點溫暖的安慰，成為心靈的避風港。對於想要成為子女人生嚮導的父母，期盼這本書也能多少幫上一點忙。在此為生活在這世界上的所有人加油，希望大家都能過著幸福的生活。

Always be happy!

很感謝出版社的家人，特別是社長，謝謝他理解一位媽媽想讓女兒繼承美好事物的真心，還要感謝主編和行銷總監，努力讓這份心意能夠充分傳達。不僅如此，我還想感謝我的父母、兄弟姊妹成為我人生的指引，也感謝我的媽媽和先生，總是在身邊為我加油，成為我的力量，讓我能成為幫助他人的人，最後，感謝在這世界上我最珍愛的女兒藝琳。

姜聲花

目
次

致
想像孩子般要放聲痛哭的你

致
想要開拓人生視野的你

·2章·

第
1
章

致想像孩子般
放聲痛哭的你

人際

「學會人際關係斷捨離，
放手也沒關係。」

　　心愛的女兒，你好嗎？我看你最近常常在跟朋友傳訊息時皺起眉頭。我們在生活中經常會因為人際關係而變得辛苦，不過你也很清楚，人無法獨自生存在這個世界上，也就是說，沒有方法能避開人際關係。無論何時、無論何地、無論如何，我們都生活在人際關係中，我想《卡內基溝通與人際關係》這本書在全球賣了六千萬本的原因應該也是這個。

　　其實媽媽也一度認為，必須跟所有人保持良好關係，我並不知道那是不可能的，大概是因為我單純地以為只要我對別人好，別人當然也會對我很好。那時的我還沒領悟到這不是理所當然，世事無法全部都順心，人際關係也是如此。有時候無論我們的意圖多麼良善，做出值得稱許的言行，仍會有些人對我不懷好意。即使心地善良、說出好話，也可能會聽到不友善的言語，這都是無法避免的。

親愛的女兒，**「別人」是指擁有跟我不同的想法和價值觀的人**，也就是說每個人思考的基準和價值都不一樣。你明明沒有做什麼，但就是有人會莫名討厭你；你沒有做出傷害對方的行為，對方也可能會純粹看不慣你的言行而討厭你，世界上真的會有人這樣無緣無故討厭你，所以當遇到這種狀況時，我們要保有自然接受的胸懷。

　　不過，請你記住，不會因為別人討厭你，你就有任何不同。因為那僅僅是別人的想法，不干你的事。世界上有些事情是再怎麼努力也沒有用的，往往越想努力改善關係，失望和失落就會越大。希望你不要因為那些再怎麼努力也無效、只是你單方面付出的關係而太過辛苦或受傷。

　　這世上沒有完美的人，人見人愛的人並不存在，因此不需要過度在意他人的眼光，或是過於拚命想要成為一個在所有人眼中都很好的人。只要堂堂正正過著對得起自己的生活就行了。我們被賦予的時間是有限的，我們被賦予的能量也是有限的，所以選擇性管理人際關係也是理所當然。

　　有時候需要大膽整理人際關係，就像愛情有保存期限一樣，所有的人際關係也有保存期限。與人相處並非單行道，要雙向通行才能持續下去。當彼此可以分享且有共鳴的事情不斷減少，自然就會沒辦法維持下去；若你持續因某段關係感到辛苦和不自在，就代表那段關係已經不健康了；如果你明知這段關係對彼此的生活都沒有幫助，反而帶來害處，卻

仍然想要繼續下去，那麼到後來一定會筋疲力盡，甚至搞砸其他想珍惜的關係。因此，希望你不要對於保存期限已過的關係太過悲傷難過，不留遺憾地放手吧！已經不值得你費心的地方，就不需要關心了。

最後，就像你無法得到所有人的喜愛那般，也不需要把所有人都放在心上。人生就是一連串的相遇與分離，雖然這句話會讓人感到些許悲傷和冷漠，但在這個世界上沒有一段關係是永恆的，不僅對你而言是如此，對任何人都是如此。曾經占據你生活的，後來也可能變得不如陌生人，這並不是任何人的錯，只是關係的保存期限過了。

想到要展開一段，總有一天會結束的關係，會讓你感到害怕嗎？不用太過擔心。在關係裡體驗的所有一切都有它的意義，那些都會成為肥料，幫助你往後在遇見新的人時，建立更好的關係。女兒，我愛你，你要記住，就算世界上只有一個人理解你、愛你，那份意義也就足夠你活著了！

PS. 放下只有你單方面在努力的關係，就是對於在這段關係中盡全力的你最好的禮物，現在，該好好照顧自己了。✽

不會因為別人討厭你，
　你就有任何不同。
那僅僅是別人的想法，
　　不干你的事。

獨處

「成為自己內心強大的主人。」

　　我的女兒，最近你工作很多，又因為朋友的問題而相當苦惱，看你到現在還是很難受。這種時候最好能找個人大吐苦水，但在那之前，其實也需要一個人充分思考的時間。沒有人比你更瞭解你自己、更尊重你自己，所以比起別人的安慰，你更需要自我安慰。

　　在人際關係中，最重要的就是與自己的關係。有時候連相信自己也需要很多勇氣和努力。要變得堅強並不困難，只要將生活的重心放在自己身上就行了。沒有人有辦法比自己更在乎自己，就算有，也不可能永遠持續下去。

　　因此，不要努力得到別人的認定，最重要的是得到自己的認可。別人怎麼評價你所做的事和行為，其實都是別人的事，不是你可以控制的，所以選擇你相信並判斷為正確的道

路，就是最能夠避免後悔的方法，也是你所能做到最好的事了。

生活中一定會有辛苦到累倒、崩潰的時刻。雖然為你著想的人多少帶來一些建議和安慰，但那些都是暫時的，甚至有時候任何話語都無法安慰到你。心理學博士塞斯·吉里漢（Seth J. Gillihan）說過，有時候別人的建議或安慰對憂鬱症病患不會有任何幫助。當任何人都無法解決我的根本問題時，這種時候就要由最瞭解我、最能成為我的靠山和力量，世界上最理解，也最愛我的人──「我」，來盡全力安慰自己。

遇到艱難的時候，不失去希望和積極的心態當然也很重要，但比那更重要的是，有勇氣和力量接受並面對找上門的憂鬱和負面情緒。我面臨的狀況沒有人可以替我處理，必須完全靠自己的力量堅持並解決，因此，找出能安慰自己的方法很重要。

媽媽說個故事，曾有一個人說他不知道怎麼安慰自己，因此渴望愛人的安慰。他非常依賴愛人，對方的一句話能輕易影響他的一天，後來某天與對方大吵一架後，再也沒有人能在他悲傷時安慰他了。他的內心相當不安，關在房間裡也只是越來越不安，所以不自覺走出了家門。由於一時之間想不到要去哪裡，隨意走進附近的咖啡廳點了一杯溫暖的拿鐵。在坐下來等待時，他看到窗外風景十分平靜，內心也漸漸穩定下來，結果他就以此為契機開始學習泡咖啡。這個突然的

轉變，讓他在精準地炒豆、煮水、沖泡咖啡的過程中，學到「等待」的意義。他給自己機會冷靜下來，等待時間過去。過沒多久，甚至拿到咖啡師證照，他對於自己的成長相當自豪。他說，只是沉澱下來從容等待，竟然能讓充滿挫折和憂鬱的心再次找到幸福。

生活中時時刻刻發生的事之所以辛苦難受，是因為那些痛苦正在讓你逐漸成長萌芽。女兒，我愛你，希望每當你疲憊無力時，媽媽為你著想的心意都能帶給你真摯的安慰和強大的力量。

PS. 要記住，你內心的主人永遠是你自己！ ✽

最瞭解我、
　能成為我的
靠山和力量的人、
在這個世界上最理解我
也最愛我的唯一，
　　就是我自己。

他人

「越珍惜的人，
越要適當保持距離。」

可以在一起，但要保持距離
讓藍天和微風在你們中間跳舞

彼此相愛
但不要以愛困住彼此
讓你們的靈魂山丘之間
有一片水波蕩漾的大海

可以填滿彼此的杯子，但不要只喝一方的杯子
可以彼此分享麵包，但不要只吃一方的麵包

可以一起開心地唱歌跳舞
但要讓彼此獨處
就像弦樂雖然發出同樣的音

線卻是各自獨立那般

可以敞開心胸
但不要被關在彼此的胸中
只有那廣大的生命之手才能珍藏在你們的心中

站在一起
但不要站得太靠近
廟裡的柱子也有距離
橡樹和柏樹也無法生長在彼此的陰影之下

——哈利勒‧紀伯倫〈在一起但要保持距離〉

在某個極為寒冷的冬天，一群刺蝟為了不被凍死而靠近彼此。雖然牠們想要互相取暖，卻被對方尖銳的刺刺傷，嚇得倒退好幾步，那一刻牠們痛得無法忍受，甚至忘記了天氣有多冷。但過沒多久，痛苦消失後，極大的寒意再度襲來，牠們又一次靠近彼此，也再一次因為身上的刺而受傷，因為太過痛苦而決定獨自忍耐寒意。儘管如此，刺蝟還是勉強地再次靠近又分離，反覆承受著寒意和刺痛。

我們有時也會陷入「刺蝟困境」，也就是無法靠近卻又無法離得太遠的兩難處境。如果太過靠近，會忘記彼此有多珍貴而互相傷害，一旦遠離又會感到孤單和空虛，終究變成了進退兩難的尷尬局面。

說來令人悲傷，但這種狀況也會發生在家庭當中。「家」應該是世界上最安全、溫暖的地方，有時卻充滿互相攻擊和傷害。時而是因過多的關注和愛帶給對方負擔，時而因過多的期待和干涉讓彼此遠離，到後來甚至築起心牆，形成了比陌生人還陌生的關係。所以，越親近的人，無論是心理上還是物理上都越需要保持適當的距離，這是為了避免彼此在無意間被突出的刺刺傷。這樣空出距離後，就能思考對方的可貴，填滿尊重的心意。

　　在公司裡也是一樣，尤其如果已經在一間公司待很久了，一定會跟某些同事比較親近。原本像朋友良好的互動，卻可能會因為一次的個性差異或意見衝突而發生摩擦或產生裂縫。由於彼此有利害關係，難以深入瞭解對方的真心，也就更不容易完全展現自己的內心。關係一旦變調，幾乎不可能恢復。

　　朋友、戀人、夫妻之間都一樣，無論再怎麼親密、相愛，只要對方不願意或是不允許就不該越線。人常以「我跟你最靠近」、「我們的關係很親密」為由侵犯對方的私領域。朋友之間覺得對方似乎跟其他人更要好而心生嫉妒，或是偷看伴侶或配偶的手機，這些行為都是越線。每個人都會有不想被侵犯的領域。

　　而且就算是出於善意，如果付出的關心和幫助已經超過對方樂見的範圍，那就不是為他著想，而是干涉和多管閒事。

彼此可以在一起，但要保有各自的時間與空間。有人說過，兩艘船要一起航向遠方時，需要三個要素。第一，同樣的目的地；第二，各自的燃料；第三，適當的距離。所以如果想要長久維持良好的關係，就要先維持適當的距離。

有句話說，平凡的生活是最難的，同樣的道理，維持適當的距離比想像中還難，因為每個人對適當的標準都不一樣，掌握適當距離並不容易。媽媽在跟許多人相識、離別的過程中，透過不斷的受傷和理解，學習到維持適當距離的方法，也在人際關係中找到屬於自己的距離。

每個人都有自己的刺，不知道那些刺會在什麼時候刺到誰。為了在關係中保護自己、不受到傷害，需要有禮貌地維持適當的距離。女兒，我愛你，我會與你保持剛剛好的距離，來保護這個世界上最珍貴的你。

PS. 任何人都需要自己的專屬空間，
　　後退一步來看那個人吧！✱

為了保護彼此
不受到傷害，
需要有禮貌地
維持適當的距離。

年齡

「不是變老，而是越來越成熟。」

　　我唯一的女兒，最近有時候看到你會嚇一跳，好像你出生還是前天的事，不知何時已經長得這麼大了。你看著媽媽時，應該也會這樣想吧？媽媽現在看起來也有一定的年紀吧？其實我在照鏡子的時候，也常常會嚇一跳，年紀越大，時間似乎流逝得越快。

　　有部名為《溫蒂》的電影，描述關於童心以及年齡增長的故事。這部電影從溫蒂的視角重新詮釋了我們所熟知的小飛俠彼得潘的故事。電影前半段有一幕是三個孩子在睡前和媽媽交談的場景。「媽媽小時候最瘋狂的願望是什麼？」「牛仔競技。」「那現在的願望是什麼？」「照顧好我的孩子，讓你們好好長大啊！」「哎呀，不是這種啦！」「情況不同了，夢想也變了。該睡了，晚安，我愛你們。」媽媽離開房間後，道格拉斯和詹姆斯說：「長大後，想做的事情就會越來越少，

你也會這樣。」聽到他們這麼說，溫蒂立刻大喊：「不要再說了！我的人生不會那樣。」這個場景蘊含著這部電影想要探討的主題，那就是看待年齡增長的態度。

就字面上看，年齡增長意味著身體結構與機能的老化。當外表失去了青春的活力，面對毫無滋潤的肌膚、越來越多的皺紋和白髮，以及逐漸稀疏的髮量，任誰都不會高興。即使天天看到還是無法適應，會嚇一大跳且想要迴避。

媽媽也有過這種經驗。幾年前，我為了考取證照，每天讀書讀到凌晨。雖然已經超過四十歲，卻一天也沒偷懶，比高三準備大學入學考試還更認真。要考取非本科系的證照，真不知是多麼頭疼又辛苦的事，但是痛苦和忍耐的果實都是甜美的。我還記得，我花兩年考到了兩張證照，而且分數都很高，筆試和術科一次就考過，這令我非常自豪。是你舅舅建議我去考的，他看到年過四十的妹妹以非本科生的身分，一次就高分通過難度不低的考試，就建議我挑戰更高級別的考試，不過我喊停了，我說我暫時不想再動腦。

考試結束後，久違地去了髮廊，結果設計師驚訝問我，頭上怎麼會長出以前沒看過的白髮？可能會有人覺得這件事很好笑，但對當時的我來說，受到的衝擊可不小。老實說我有點難過，雖然年過四十長出白頭髮是很天經地義的事情，但我還是沒辦法視為理所當然而愉快接受。

不過仔細一想，年齡增長並不全是壞事，因為在這世界上，有失必有得。老化意味著要永遠告別青春的光芒，固然令人遺憾，但是隨著年齡增長所獲得的智慧、從容以及穩重都填補了那個空缺。而且，在年紀增長的同時，經驗也會隨之累積，生活和思維的範圍也會因此逐漸擴大和加深。

崇尚青春、把年輕視為至高無上，本來就是西方文化的主流，而東方文化則恰好相反，我們會說「年齡增長」代表成熟與智慧。當然，年齡增長並不會自動變得聰明或心胸開闊，因為天底下沒有什麼是不勞而獲的。年輕人也許不用刻意做什麼就能自帶光芒，但中年人的光芒是靠努力得來的，希望你能將這句話銘記在心。如果你以後年紀大了，卻只能透過年齡證明自己活了很久，那會是多麼悲哀的事情啊？歲月不該讓我們畏縮，因此上了年紀還是要清醒度過每一天。希望你能努力生活，讓「年齡只不過是數字而已」這句話成為事實，而非安慰。

十九世紀義大利代表性歌劇作曲家威爾第，在八十一歲時創作了《法斯塔夫》，這首音樂作品蘊含了他在晚年對人生的洞察以及不斷挑戰的精神。這是一位老作曲家在對世界的洞察力和藝術完成度達到極致時，所創作的最佳傑作之一。塞凡提斯在六十八歲時，而且是在惡劣的監獄環境下，創作了《唐吉訶德》，這部作品被譽為近代小說的始祖。美國知名管理學家彼得・杜拉克一直講課，直到九十二歲。

你看，「年齡只不過是數字而已」並非僅是一句試圖安慰老年人的空話，對吧？

　　老化並不是從皺紋和白髮出現的時候才開始，而是從失去好奇心、熱情和夢想的那個瞬間開始的。其實媽媽年輕時，對變老這件事的茫然擔憂大於期待，但當我真的到四十五歲時，回頭看才發現，隨著年齡的增長，我得到的比失去的更多。當然這是因為我年輕時，從無數次的挫折與考驗中堅持下來，所以這一切才有可能實現。也就是說，變老並非青春的反義詞，而是平安度過青春歲月後得到的成熟果實。因此，媽媽想告訴你的是，變老並不只有年紀增加，而是一段更加成長、變得更好的過程。

　　年紀增加後，自己所過的生活必然會深深地刻印在身心靈之中，也許這就是為什麼人們說長大後要對自己負責吧？我們會在不斷流逝的歲月裡，經歷並學習很多東西，也會重複後悔和反省。希望我的女兒不僅僅是生理年紀增長，而是能順利長大，成為一個成熟的人。女兒，我愛你，即使上了年紀，你也完全可以是一個美麗又有魅力的女人！

　　PS. 我的女兒，別因數字而自卑！ ✽

年輕人也許不用刻意做什麼
就能自帶光芒，
但中年人的光芒是靠努力得來的。

離別

「想看到閃爍星辰
就需要黑暗。」

　　女兒，你好嗎？我是媽媽。謝謝你今天也平安無事回到家裡，每當看到你因分手的悲傷而難受時，媽媽也很心痛。你很辛苦吧？有句話說，遇見討厭的人很痛苦，跟相愛的人分手也很痛苦。或許不是分手帶來痛苦，是因為不想分手才痛苦。這世界上難道有美麗的離別嗎？或許你會想「既然要離別，就應該以美麗的離別收尾」，但這只是期待，離別只有悲傷的離別而已。就算你說離別是對自己好，或是對彼此都好的選擇，可是那個瞬間是任何人都難以接受的，肯定會非常難過。

　　「愛別離苦」是佛教用語，意思是與心愛之人分別的痛苦。並不只有與戀人分手會痛苦，在家人、朋友、夫妻等所有人際關係中，無法避免的痛苦就是離別。無論是生離還是死別，跟心愛之人離別的煎熬和痛苦，是無法完全言喻的。

愛著很多人就表示會經歷很多離別的傷痛，離別的方式也會
有很多種。

　　媽媽也曾因離別而好幾天都活在痛苦中，因為不想被任
何人發現，所以連一句「我很辛苦」都沒有說，只是一個人
悶在心裡。當時睡到一半，只要睜開眼睛就會心痛到從夢中
醒來，令我非常害怕，結果有一次整個周末都在睡覺，起碼
睡覺時能忘記痛苦。儘管隨著時間的流逝，疼痛會變得輕微，
但因傷痕而緊閉的心門卻不容易打開。

　　我並不是害怕以後沒有人愛我，只是擔心對愛產生恐懼
和焦慮感，我怕有人走向我、向我伸出手時，我的心跳不再
變得炙熱。不過，就像有人說過，擔心還沒發生的事是最沒
有意義的，對愛情的焦慮也只是杞人憂天。在不知不覺間，
愛情再次悄悄來到我身邊，心臟的機制也沒有隨著時間過去
而生鏽，依然正常運作。

　　所以，當你難以忍受離別之苦時，就盡情心痛、悲傷和
流淚吧！沒必要假裝堅強、忍住淚水、隱藏情緒，你流下的
眼淚絕對不會讓你崩潰，要充分進行離別的儀式，才能繼續
往前走。親愛的，盡情地心痛、盡情地悲傷吧！進行完離別
的儀式後，就會對於「愛別離苦」所留下，名為「回憶」的
禮物、對於人和人生有更深一層的理解和體會。

　　著名詩人萊納・瑪利亞・里爾克曾說過，回憶很多的時

候，也要能遺忘，而且要有耐心持續等待回憶活過來。此時此刻也有很多人因愛而感到幸福，因離別而流淚，正處於漆黑的時刻吧？或許這些情緒也是生而為人，所能享受的一種特權。「不要害怕愛的傷痛與離別，而是要害怕沒有愛的對象。」這句話不是沒有道理的。

而且，你一定要記住，離別也要有禮貌，就算彼此的心意改變，也不代表過往共同擁有的回憶都不存在。在我們的一生中，那些回憶可能會在記憶中淡忘，但仍會永遠陪伴我們。愛情剛萌芽時的心意很重要，可是結尾更重要。只要看到離開的人停留過的地方，就會知道他是什麼樣的人。至少你曾經把他當成是自己的全部而全心全意愛過啊！儘管轉身後永遠不會再見，但在離別的時刻依然保持禮貌是很重要的。少給彼此一點傷害，不要因那傷口痛苦太久，這不僅是為對方好，也是為自己好，也可說是我們對愛情的尊重。

雖然在離別的瞬間，充斥著心碎與痛苦，但時間流逝後會一點一點明白，感謝對方在自己的人生中創造出一段珍貴的回憶。媽媽也是這樣，有回憶能夠回味，真的是值得感謝的事，雖然彼此相愛的時間不是永恆的，但那段愛的故事會留在我心中，隨時都能回味。

親愛的女兒，當你因離別的後遺症而覺得眼前一片茫然時，你要記得一句話「這個世界上不存在永遠」。幸好人是健忘的動物，回憶無法勝過時間，只要時間一過，連彷彿是

昨天才發生過的鮮明記憶，終究也會變得模糊，所以有人說
「時間是良藥」、「時間會撫平一切」。風雨大作時雷電交加，
還伴隨著看似要吞滅天下的黑暗，但總有一天都會結束的。
等風雨過後，明亮燦爛的太陽又會升起，彷彿什麼事都沒發
生過一樣，這就是大自然的原理，也是禮物。

　　我們的生活也像這樣，一輩子當中能全心全意去愛人的
時間和機會並沒有我們所想的那麼多。從這個角度來說，能
在這一生遇見各式各樣的人，經歷相愛與離別也像是禮物般
的機會。若想要看到閃閃發亮的星辰，就需要黑暗來襯托星
辰，所以希望你不要提早擔心或害怕離別的痛苦，也不要沉
浸在悲傷中太久。女兒，我愛你，不要太害怕離別，然後記
住一件事，即使如此還是要去愛！

　　PS. 在愛裡雖然有試煉，但沒有失敗。願你能
　　　　拍拍膝蓋站起來，以後也盡情地去愛。✽

沒必要假裝堅強、
忍住淚水、隱藏情緒，
你流下的眼淚
絕對不會讓你崩潰。

自責

"It's not your fault."

　　女兒，你今天遇到什麼辛苦的事嗎？看你表情不好，垂頭喪氣的，希望你今天不要想別的，充分休息吧！有時候一直想下去就會沒完沒了，只會更辛苦而已，這種時候最好能暫時停止思考。

　　你聽過「It's not your fault」這句話嗎？這是 1997 年的電影《心靈捕手（Good Will Hunting）》的著名台詞。這個電影是關於主角威爾・杭汀的故事，他的天才頭腦在所有領域都擁有非常卓越表現，卻因童年的傷害，讓他無法對這個世界打開心門。威爾・杭汀在遇見好友兼人生導師後，敞開冰封已久的心門，轉變成「Good」威爾・杭汀，這是一個充滿感動的成長故事。這部入圍九項奧斯卡獎的神作電影，在上映二十多年後的現在，依然是許多人心中的人生電影。

威爾童年時被父親虐待，長久活在自責中，認為自己挨打是應該的，但多虧朋友們真誠的相待與心理諮商師西恩的支持，他選擇了改變，不再安於現狀。當威爾無法擺脫過去的傷口而感到痛苦時，西恩說的就是這句話，「這不是你的錯（It's not your fault）」。威爾在聽到這句話後才終於能擺脫過去受壓迫的自己，重獲自由。這一句台詞安慰了許多人，正是因為這世界上有許多人都迫切地等待這句話。

　　某天我認識的一位姐姐的兒子突然發生意外受傷，兩顆牙齒嚴重斷裂，需要接受長期治療，那位姐姐非常難過，同時她將兒子發生意外歸咎到自己身上，這使得她相當痛苦。她說兒子還是高中生，不在乎課業，只喜歡騎腳踏車，所以她提出每天都能騎腳踏車的條件，但兒子必須上補習班，結果兒子在騎腳踏車去補習班的途中發生了意外。她說要是自己當初沒有那樣提議，就不會發生這種事，她淚流滿面，彷彿一切都是她的錯。我同樣也有孩子，完全能理解她的心情，父母在面對子女的事情時，心情都是如此。

　　我對那位難過的姐姐說：「那不是你的錯。那天的意外就是字面上的意思，僅僅是個意外，只是因為運氣不好而發生。你受到很大的驚嚇吧？還好沒有演變成更大的意外，只要治療牙齒就行了，多麼值得慶幸啊！這樣看來，我覺得上天在幫助他耶！所以不要自責了。It's not your fault ！」雖然我不清楚這些話能帶給她多少安慰，但在電梯門關上前，看到她的嘴角露出淺淺的笑容，我覺得應該不用太擔心了。

只要是人，都會在生活中經歷辛苦又痛苦的時間。很遺憾的是，任何人都無法替你度過，完全是自己的事，所以當過去的失誤和傷口絆住你的腳，讓你感到吃力的時候，也需要對自己說出安慰的言語。

女兒，媽媽希望你不要糾結在做得不夠完美的過往，讓自己辛苦，甚至賠上了現在和未來。無論過去的生活如何，任何人都有自由能選擇往後要度過怎麼樣的生活，所以希望你不要因過去的傷痛而怪罪自己、小看自己、關在裡面太久。德國心理學家安德里亞斯・克瑙夫曾說過，在諮商時若聽到別人後悔地說「當初我要是做得好一點……」，他就會建議說「世界上有很多問題是必然會發生的。你的空格只是留白，不是空白，不填滿也無所謂，所以不要折磨自己」。

人生在世，偶爾會發生你無法理解的事，那些跟你努不努力無關的事情就放著吧！要是一直想從自己身上找出事情發生的原因，不僅很難找到答案，而且也只有你一人在辛苦。在這個世界上沒有人比你更珍貴，能保護這樣的你的人，只有你自己而已，希望這麼珍貴的你不要因無可奈何的事而受傷或自責。女兒，我愛你，任何時候都不要忘記，你到現在都很努力生活了，你是比你想的還要更好的人！

PS. 好，現在該到洞穴外了！✽

你的空格只是留白，
不是空白。
不填滿也無所謂，
所以不要折磨自己。

失敗

「就算沒有成果也沒關係。」

　　親愛的女兒，今天過得如何？我知道你已經付出許多時間和精力，卻沒有得到滿意的回饋，難免意志消沉，感到失望吧？在這種情況下還要表現得若無其事，拍拍身上的灰塵站起來，對每個人來說不容易。儘管知道沒有人是完美的，要赤裸裸面對自己的界限，仍然讓人相當難受。

　　還記得，釜山市在 2018 年舉辦過「失敗王愛迪生獎」筆記徵選，參加資格是「曾經克服失敗的人」。這個比賽的用意在於，藉由分享失敗可能帶來的煩惱與省思，來翻轉大家對失敗的負面印象。真是個正向的活動，對吧？結果主辦單位果真收到了許多跌倒後重新振作的感人故事。

　　在光鮮亮麗的身影背後，必然隱藏著淚水和傷痕。成功是經過反覆的失敗與克服才能實現的，只有撐過痛苦的人才

能得到的昂貴禮物。

　　女兒，人生有上坡和下坡，沒有人能一路平緩。這是不變的法則，也是生活給我們的課題。有些人一看到障礙物就逃跑，有些人站在原地猶豫不前，但也有些人會思考如何解決難關，透過阻礙獲得成長。人生的方向將隨著你做的決定而改變，而無論最後往哪裡走，都完全是自己的責任。

　　我們能選擇的，只有做與不做而已。媽媽希望你不要畏懼下坡，畏懼會讓人來不及邁開腳步就先跪了下來。我們要先跌倒，才能學會站起來，跌倒也是一門技術。人生還很漫長，不要過於急躁，保持內心的餘裕才能走得更遠。

　　即使失敗了也沒有關係，只要徹底反省過自己，那些過往就可以忘得一乾二淨。過度沉浸在失敗中，也只是花時間自責而已。何況失敗並不全然是壞事。什麼都不做當然就不會失敗，所以失敗起碼代表曾經嘗試過，跟一事無成相比，失敗更有意義，因此沒有必要害怕失敗。

　　往後的人生還會有許多不如意，你會不斷經歷失敗與挫折。要記住，失敗是再自然也不過的事。我會一直為你加油！女兒，我愛你，就算什麼都沒有達成也沒關係。

　　PS. 不要因為一次的失敗就判斷人生都失敗。
　　　　你比你自己想的還要更堅強。＊

失敗起碼代表你
嘗試做了些什麼，
跟一事無成相比，
失敗更有意義。

擔心

"Don't worry, be happy!"

　　我的漂亮女兒，最近你在擔心什麼呢？喜歡跟人互動的你，最近不太出門，跟朋友通話的次數也減少了。以前你會把一整天的行程都跟媽媽說，現在一句都不提，讓我不禁擔心你發生了什麼事，還是只是因為要做的事情很多、狀況不好才那樣呢？媽媽是白操心了嗎？人就是這樣，如果什麼都不知道，就會想東想西。

　　今天我想跟你聊聊「擔心」。主持人姜鎬童曾在某個節目上提到「擔心借貸」，就是字面上的意思，現在不需要擔心的事情，卻提早擔心。擔心借貸只會讓擔心越來越多，而且會因為現在正在擔心而做不好其他事情。「擔心」在字典裡的意思是「掛念、不放心」，處於內心不安到著急的狀態下，能做好什麼事呢？

某個研究在探討為什麼成果會不如努力，原因就是「害怕和擔心失敗」。實驗結果提到，人在做一件事情之前會習慣先在腦中模擬失敗的結果。「萬一我做錯了該怎麼辦？」、「如果我失敗了，大家會怎麼想我？」明明不是特別困難的狀況，卻會因為負面想法而感到不安，以至於沒有動力投入在新的事情上。也就是說，不是真正在擔心問題，而是滿腦子想著因為問題而產生的不安。

沒有人是不會擔心的。只要活著，每個人都會有擔心和不安的情緒，不過沒必要一味否定並迴避，接受這些情緒也是生活的一部分。情緒越壓抑、越隱藏，就會變得越大，並不會消失。

你有聽過藏族的俗語嗎？「如果擔心會因為你擔心而消失，那麼就不會有擔心了。」如果真的能因為「擔心」就讓擔心消失，該有多好？但事實上，擔心並不是解決問題的方法，絕對無法光靠擔心就改變現況。如果有問題，就會有解決方法，所以重點不是擔心，而是努力找出答案。

女兒，不要什麼都不做，光是擔心沒有用，從你能做到的小事開始嘗試吧！慢慢減少擔心的時間，其他思緒才會漸漸冒出頭來。若不想要陷入擔心之中，建議你多專注在其他事情上。媽媽每次擔心時，就會回想以前類似的經驗，「當時那件事也順利結束了，所以這次也會沒事的」如此讓自己的心穩定下來。

可以看看書、散散步，或是問候平常以忙碌為由很少聯絡的朋友，甚至還會為我珍惜的人準備小禮物。做著做著就會轉換成不同於平常的風景，一天很快就過去了。專注在自己能做的事情上，讓自己忙起來吧！當然，擔心不會因此消失，卻能讓你改變面對擔心的態度。

以前你舅舅曾對我說：「只要想著我們都是走在已經決定好的路上，人生就會輕鬆一點。Don't worry, be happy！」也就是說，無法解決的事，就順其自然吧！如果擔心也沒有幫助，不如就晚一點再擔心，把尚未發生的事交給未來吧！媽媽活到現在也覺得，很多事情與其擔心著急，倒不如擺在一旁，讓時間流逝。

有多少人還記得自己十年前、二十年前在擔心什麼？什麼事讓自己感到辛苦嗎？擔心之所以會成真，是因為已經習慣擔心，而習慣會變成現實。習慣並不僅限於說話的習慣和做事的習慣，說到底，擔心也只是一種習慣。暫時放下過多的想法，專注在此時此刻吧！用「接受現況」的餘裕來填滿被擔心占據的位置吧！同時希望你能培養心靈的能量，讓你在被擔心糾纏時，能有力量將它甩開。女兒，我愛你，Don't worry, be happy！

PS. 有時候可以活得單純一點！✽

說到底，
擔心也只是一種習慣。

沉著

「好事和壞事都會過去。」

我自豪的女兒，今天也是漫長的一天嗎？心情難受的時候，就會覺得時間過得特別緩慢。你一直以來都很努力，所以當然會期待更好的結果，如果沒有的話，一定很失望吧？我知道你現在有多難熬，每當這種時候，可以想想這個故事。

在《大衛與歌利亞》故事中，大衛王某天召集宮中的寶石工匠下令：「幫我刻一段話在戒指上，好讓我在大獲全勝、喜不自勝時能自制；在陷入巨大絕望時能獲得勇氣、不受挫。」工匠苦思許久沒有答案，便去拜訪以智慧聞名的、大衛的兒子「所羅門」尋求建議。所羅門稍微想了一下說：「一切終將過去（It shall also come to pass）。」

這段話大多用來安慰遭遇不幸和試煉的人，但其實在歡樂和幸福的瞬間，更需要銘記這句話。即使全世界的人都在

稱讚你，也不能因此喜悅自滿。

　　媽媽跟你說個小故事，其實媽媽有很長一段時間匿名在社群上發布自己寫的文章，也收到很多網友的溫暖留言，說在我的文章中得到安慰和勇氣。知道自己真心寫下的文字能觸動人，讓我很開心，但反過來說，也有被曲解誤會的時候。一開始我非常難過，反覆思索「他們為什麼會不懂我的意思？」，但後來我告訴自己「也有人會這樣想」，開始理解他人的想法可能跟我不同。在幸與不幸、試煉與歡樂的循環中，我逐漸成長。

　　費勇在《心不累的活法（心經修心課）》（湖南人民出版社，2016 年）提到，「人生是痛苦也是快樂。痛苦時很容易憂鬱、很容易放棄，因此在痛苦時要保持超然的心，不要失去韌性。快樂時很容易放縱、動搖，所以快樂時也要保持超然的心，不要失去沉著。可以盡情享受快樂，但不要忘記，快樂也會稍縱即逝，只是一種感受而已。」世界上沒有永恆，無論好壞，都只是一次的體驗與過程。

　　在漫長的人生旅途中，沒有人只會走在平坦筆直的高速公路上；同樣地，也沒有人只會走在曲折又險峻的砂石路上。對往後的生活帶來深遠影響的，不是現在發生的事，而是面對那些事情的心態。

　　願你的未來能不遭到難受的記憶支配，也願你能懂得放

下過去的光榮與幸福，不跟現在做比較。我們人生中最耀眼和最黑暗的時刻，都是最應該沉著的瞬間，要記住，「一切終將過去」。雖然媽媽無法代替你承受成長的痛苦，但我會一直守護你，為你加油。女兒，我愛你，願我們都擁有冷靜沉著的心，能退後一步，以更宏觀的視野看待生活。

PS. 不要在幸福時承諾，不要在生氣時回答，不要在悲傷時下決定。─齊亞德‧阿卜杜勒努爾 Ziad K. Abdelnour ✿

無論好壞，
都只是一次的體驗與過程。

親子

「我也是第一次當媽媽。」

　　女兒，你常常對媽媽感到失望，覺得媽媽難以理解，對吧？小時候媽媽對你來說完美無缺，就像是你的全宇宙般重要。但長大後，你應該知道並非如此，八成也想過不少次「媽媽年紀不小，已經是個大人了，為什麼還做這種事？」。

　　沒錯，媽媽一點也不完美。就算年紀再怎麼大，媽媽也跟你一樣，是第一次度過這輩子，不會因為成為了母親，所有的想法和言行就毫無破綻。雖然我思考過無數次，該怎麼照顧你才好，該如何給你更多的愛，但有時候仍然無法如願。

　　其實我也曾經以為，自己都做到這種程度了，應該有比其他媽媽更常表達愛意、盡到媽媽的責任吧？因此前幾天，看著你對我說「我不懂你」而回房的背影時，不知道有多難過、多心痛。

我變成大人後，有了愛的結晶而結婚、孕育寶貴的生命，從那刻起，我就開始以母親的身分生活。獨自一個人的時候，只要顧好自己就行了，但在某天，一個需要我付出愛和關心的新生命，就這樣來到了我的身邊。我在一邊不自覺說出「哪有比這更幸福的事」的同時，也一邊為了負責這幼小生命的大小事而感到辛苦、吃力。

　　在成長的過程中，我們會不斷聽到並學習「該怎麼獲得好成績」、「該怎麼做進入好公司」。但卻沒有人告訴我們，也沒有機會學習怎麼當個好媽媽。我在初為人母之後，只能不斷看書找答案，或是透過觀察自己或朋友的家庭，來瞭解為人父母是怎麼一回事。

　　我是透過不斷跌倒、碰撞，來親身體驗一個母親的生活、學習承擔母親的責任，就算身邊幫忙的人很多，育兒的道路依然辛苦艱難。

　　我也是第一次當母親，所以有很多時候不熟練，對很多事情感到恐懼。雖然你是我生下來的孩子，卻是跟我完全不一樣的生命體，我常常搞不懂你內心在想什麼。成為母親好像是自然而然的事，但世界上所有的媽媽，都是在當了母親之後，才開始學習如何成為好媽媽。

　　育兒生活就像是不斷以愛與關心灌溉的農務，沒有辦法單靠付出就順利收成。辛勤勞動的耕種只是最基本的條件，

還必須仰賴天氣、溫度、合適的雨量等不可控因素的配合，才能得到豐碩的成果。正因為大多時候不是單憑個人的努力就有用，所以才會說這世界上最辛苦、最無法得償所願的工作，就是養育子女。再資深的農夫，也會在耕種過程中遇到困難，更何況是新手農夫呢？

還記得第一次幫你洗澡的時候，小心翼翼捧著你的我，緊張兮兮地害怕出錯；你第一次學走路跌倒，頭撞到地板的瞬間，我的心也跟著沉了下去；接種流感疫苗後，你持續高燒的痛苦表情，讓我焦急得慌張失措、不知道如何是好；你在玩耍時受了傷，我擔心留疤而煩人地頻繁檢查傷口；你吃壞東西，全身起疹子，我也只能害怕得在急診室前來回踱步；還有一次竭盡所能安撫你，你卻依舊無理取鬧時，我失控地對你大吼大叫，我永遠記得那一天晚上，摸著你熟睡的臉龐，我後悔不已，心痛到無法入眠。你睡著的模樣真的好美，光是看著你，我就感受到活下去的意義。

沒有辦法按照期望的方式對待你時，我總是忍不住感到自責。但是這些所有的事情，媽媽也是第一次經歷，生疏的我在當下，好像也只能夠做出這些不夠成熟的反應。

有一次我為了各種事情身心交瘁時，你恰好長了玫瑰疹，我整夜忙著照顧發高燒、吃不下東西的你，好不容易哄你入睡後才終於簡單吃了點東西、疲憊得躺下。那時候，我接到了外婆的電話，一聽到外婆的聲音說：「吃飯了嗎？」，

那瞬間我立刻哭了出來：「媽，以前家裡經濟狀況這麼差，你養大我們五個小孩一定很辛苦，怎麼有辦法撐過來？」

「是啊！沒想到我都已經這麼老了。實際經歷過就知道，這些都會過去的。但也謝謝你們很懂事，好好長大，讓我很輕鬆。」外婆從來都不曾說過這些話，我回想起她過去辛苦的日子，真的覺得她好偉大。那一段簡短的對話，給了當時的我很大的力量與安慰。

你知道嗎？其實媽媽也有想要不顧一切、坐在地上放聲大哭的時候。但即使被生活的重擔壓得喘不過氣，即使只想要痛哭一場，我還是努力忍住眼淚，忍住那些難以控制的情緒，因為我心裡很清楚，就算再不適應成為母親的生活，還是只能接受現實。

我在什麼都不知道、什麼都沒準備好的狀態下當了媽媽。只能從每天的生活中一點一滴體驗、學習去當一個母親。當然有時會犯錯，也繞了不少遠路。

就像沒有完美的子女一樣，也不存在完美的父母，希望你能理解，媽媽也是在你成長的同時，才不斷學習、嘗試成為一個真正的大人。女兒，我愛你，希望我們都能更認同並理解彼此的存在，愛著原本的自己！

PS. 當一個媽媽，其實很需要得到稱讚、打氣和鼓勵。✳

就算當了媽媽，
也有想要不顧一切，
坐在地上放聲大哭的時候。

第
2
章

致
想要開拓人生視野的你

愛情

「愛自己的人，不會放任自己痛苦。」

親愛的女兒，你好嗎？最近覺得你特別好看，變得越來越漂亮，好像正在跟不錯的人交往，媽媽也為你開心。希望你在交往的期間盡情地去愛，創造許多美好的回憶。

《論語》有句話是「愛之欲其生」，意思是喜歡一個人時總想叫他活著。據說韓文的「生活（살다）」、「人（사람）」和「愛（사랑하다）」追溯起來都是從同一個字衍生出來。這似乎證明了，人是沒有愛就無法生活的存在，因此可以說「愛」並非只是情緒的層次或浪漫的領域，而是關乎生存的問題。

我認為愛是我們不斷渴望的生活目標和意義。愛是人根本的情緒，是非常想要珍惜、重視、精心呵護某個人或某個存在的心意。填滿內心的愛會讓我們的人生更美麗豐富。在

人生這漫長旅程中，能讓我們順利抵達目的地的原動力，就是這極具價值又高貴的感情，也就是愛。

不只寫作業不該拖延，希望你在付出愛時也不要拖延。在你有生之年、在你能愛的時候盡情去愛吧！沒有人知道你對誰而言會成為怎麼樣的存在。回顧過往，只有毫無保留、全心全意去愛時，才能不留下遺憾。我也曾因為想太多，不敢盡情去愛、不夠坦白表達而後悔不已，陷在離別的痛苦很久。分手後才體會到「原來我愛的是他！應該要多愛他一點」有什麼用呢？趁還在身邊時盡情表達感情吧！

不過，並非只有結婚才代表完整的愛。彼此在這趟愛情旅程中一起見到的、感受的、接觸的所有風景，都是珍貴的果實，就算曾經相信會永恆的愛情破碎了，也不代表共度的時光完全沒有意義。只要曾經一起讓迎接的春天變得更明亮，夏天變得更耀眼，秋天變得更豐饒，冬天變得更溫暖美麗，這樣就已經足夠了。

在漫長冬季裡矗立於酷寒中的孤木，當春天一到，光禿乾癟的樹枝上開始冒出淺綠色的新葉，彷彿冬天從未來過一般。愛情對媽媽來說也是這樣，因愛而受傷冰封的內心，即使在溫暖的春天、炙熱的夏天也一樣凍寒。無數個夜晚裡，沒有結果的愛讓我心痛得無法入眠。直到某一天，曾以為不再相干的愛情無聲無息來到了身邊，就像在枯樹上冒出新葉那般，愛情的花朵再次綻放。

不過女兒，在愛別人之前，你更應該先做的事，就是愛自己，懂得愛自己的人更能愛別人。愛自己是所有愛的基礎，也是生活在這世界上的必要條件。耀眼的愛情可能會在分手的那一刻變成黑暗，彷彿被獨留在這個世界上。但僅管在這個時刻，愛自己的人也絕對不會貶低自己或放任自己痛苦。

無論發生什麼事，真心愛你的人都會陪在你身邊，如果他做不到，那麼分開才是緣份。對於那些愛著全部的你、認定你的價值的人，希望你一輩子都能成為他們生命中永不凋零的花。至於那些不瞭解你的可貴的人，也不必成為他們眼中可有可無的、雜草般的存在。不要把珍貴的時間浪費在那些輕視這段感情、看輕你的人身上。我們擁有的時間看似很多，但人生比所想的還要短，能夠相愛的時間更短，因此，遇到不重視緣分與愛情的人時，也不要把那美麗閃耀的心意放在他們身上太久。

印度安語的「I kin ye」和「I love you」是同樣的意思。聽說印度安語裡沒有「愛」，但有「kin」這個詞，意思是「理解」。當我們能完全接受並理解一個跟自己過著不同生活的人，愛才會更進一步加深且持久。因此，我認為相愛最重要的，就是想要理解對方的心。因為彼此一直以來的生活模式不同，任何人也都有缺點。如果無法接受對方缺乏的部分，只是拿出自己的標準期待對方改變，那麼原本充滿愛意的心也會自然而然出現裂痕。無論兩人的相遇有多命中注定，還

是需要不斷努力才能維持愛的品質。

　　當然「不愛」也不代表哪裡錯了或是很奇怪，可是人生只有這一回，所以我希望你能盡情去愛。希望你能體驗到因愛而笑、因愛而哭、因愛而幸福、因愛而焦慮或整夜流淚等所有一切。有人會說「早知道年輕時多去愛」，但幾乎沒有聽過誰說「早知道就不要去愛」。在感受幸福這方面，我們需要的不多，因為光是微小的愛就充分能讓人幸福。女兒，我愛你，趁能愛的時候就不斷去愛吧！

　　PS. 如果你遇到了一個人，讓你不惜付出所有，那你不僅是在寫下你的人生故事，也是寫下一段歷史。希望你能創造出美麗悠久且值得珍藏的歷史。✽

在愛別人之前，
有件事最該先做，
那就是愛你自己。

婚姻

「最重要的是，你要自己選擇」

女兒，你好嗎？最近不管是你還是你的朋友，都開始考慮結婚了，對吧？你應該也感受到了，結婚不只是兩個相愛的人結合，也包含現實的人生問題。在不同環境中生活數十年的兩人，脫離自己的柵欄後相遇，不僅如此，還要顧慮到兩方家庭的人。除了生長環境造成的價值觀差異，包含細瑣的日常習慣在內，各方各面都不一樣。

該思考、該努力的地方有這麼多，多到讓人懷疑「非結婚不可嗎？」，或許也有人覺得「自由自在生活更好吧」。是啊！這件事沒有正確答案，無論選擇哪個，一定都有優缺點。結婚也好，不結婚也罷，只要建立起自己的標準，慎重考慮後再選擇就行了。

如果決定結婚，那就仔細預設各方面的問題，包括想跟

韓系石膏設計
第一本石膏創作全技法！
擴香石×托盤×燭台×花器，
30款簡單的美感生活小物
作者／楊語蕎 定價／499元 出版社／蘋果屋

韓國超人氣課程，不藏私公開！用石膏粉輕鬆模擬大理石、水磨石、奶油霜，做出30種時尚到復古的超質感設計！

毛茸茸的戳戳繡入門
紓壓療癒！從杯墊、迷你地毯到抱枕，
只要3種針法就能做出28款生活小物
（內附圖案紙型）
作者／權禮智 定價／520元 出版社／蘋果屋

第一本戳戳繡（Punch Needle Embroidery）技法入門書！神祕黑貓迷你地毯、軟綿綿雲朵鏡框、蝴蝶拼色杯墊……只需一支戳針、一球毛線，反覆戳刺就能完成好看又實用的家飾品。

法式繩結編織入門全圖解
用8種基礎繩結聯合原石、串珠，
設計出21款風格手環、戒指、項鍊、耳環
（附QR碼教學影片）
作者／金高恩 定價／550元 出版社／蘋果屋

韓國編織達人的繩結技巧大公開！全步驟定格拆解＋實作示範影片，以平結、斜捲結、輪結等8種基礎編法，做出風格各異、俐落百搭的項鍊、戒指、手環飾品。

【全圖解】初學者の鉤織入門BOOK
只要9種鉤針編織法就能完成
23款實用又可愛的生活小物（附QR code教學影片）
作者／金倫廷 定價／450元 出版社／蘋果屋

韓國各大企業、百貨、手作刊物競相邀約開課與合作，被稱為「鉤織老師們的老師」、人氣NO.1的露西老師，集結多年豐富教學經驗，以初學者角度設計的鉤織基礎書，讓你一邊學習編織技巧，一邊就做出可愛又實用的風格小物！

真正用得到！基礎縫紉書
手縫×機縫×刺繡一次學會
在家就能修改衣褲、製作托特包等風格小物
作者／羽田美香、加藤優子 定價／380元 出版社／蘋果屋

專為初學者設計，帶你從零開始熟習材料、打好基礎到精通活用！自己完成各式生活衣物縫補、手作出獨特布料小物。

什麼人度過什麼生活、彼此可以理解並忍受的程度，還有生育計畫、財務規劃等，最好能事先針對婚姻生活後的重要問題進行充分討論。相反地，如果決定不結婚，也需要具體思考經濟狀況、情緒缺口、健康問題等，甚至承擔老年獨自生活的風險。結不結婚並不重要，選擇讓你更幸福、更不會後悔的生活才是最重要的。

某個正在煩惱婚姻的男子寫了一篇文章，底下有個留言讓我印象深刻，留言寫道：「人活在這個世界上，就是在過一條洶湧的大河。雖然一個人空手過河似乎很輕鬆，卻容易被河水沖走；抱著一顆大石頭過河似乎很困難，卻會因石頭的重量而不被河水沖走，反而能安全渡河。那顆沉重的石頭就像結婚、組織家庭一樣。」

其實媽媽的婚姻生活也不是每時每刻都幸福美滿。雖然沉重石頭能讓人在過河時，不被洶湧水流沖走，但有時也只覺得沉重。但撐過那段時間後，能讓人繼續笑著生活的也是那顆石頭。在我的人生中，最有價值、最珍貴的你，以及總是相信我、站在我這邊的老公，你們是任何人都無法取代的存在，是我生命中很大的意義。

在我的朋友當中也有很多人沒有結婚，大部分的人說年紀變大後，最無法忍受的就是孤獨。雖然沒有沉重的石頭，享受著輕鬆自由的生活，情緒上卻也不一定能夠滿足。想要各方面都好並不容易。

華盛頓前參議員 Mike McManus 曾在他的著作中，描寫了媽媽認為婚姻最重要的事。他說：「真心喜歡你、理解你的夢想並為你加油的人，是很好的伴侶。如果必須從你的人生中消除一件事，絕對不該是好伴侶。」此時此刻你有想做的事，也有往後想達成的夢想，憑著這些就能讓你在生活中感到幸福。

　　不過，比這些更重要的是，如果有人能在身邊為自己的夢想加油，並給予陪伴支持，心靈上的幸福感將會更堅定、更龐大。這是媽媽決定結婚的原因，你也要好好思考對自己來說什麼才重要。

　　我想再強調一次，結婚本身不重要，重要的是跟什麼人度過什麼生活，所以如果想要結婚，就要慎重選擇共度一生的人。結婚是人生中影響最大的事情之一，如果單純只是因為社會氛圍、父母或年齡所逼，未來一定會後悔。希望你能仔細評估自己在意的條件，在深思熟慮後做出自己的決定。女兒，我愛你，無論你做什麼決定，我都會尊重你的選擇！

　　　PS. 你的人生是屬於你的，不需要配合別人的
　　　　　標準。願你能在自己選擇的生活中，找出
　　　　　意義並享受幸福。✱

結不結婚並不重要，
選擇讓你更幸福、
更少後悔的生活才是最重要。

工作

「我們不只是為了賺錢而工作。」

　　我的女兒，你最近似乎在思考很多事情。通過艱難求職之門的喜悅只是一時，職場生活並不輕鬆，應該會有種「越過一座山之後還有一座山」的心情吧？人際關係很困難，工作量很大，還要承擔績效壓力，雖然你已經盡力了，但得到的只有上司的嘮叨和被貶低的自尊心。早出晚歸的生活讓身心相當疲憊，薪水多一點還勉強可以接受，但物價每年都在上漲，只有薪水沒漲，職位也沒有保障……這樣的生活，一定會讓你的擔憂越來越多。

　　某個求職網站曾調查上班族的憂鬱症，結果顯示在十個上班族當中，就有七個人曾在工作時感到憂鬱。對於還不夠熟練，無法在組織中輕易發聲的 20 至 30 歲上班族來說，憂鬱感肯定更加嚴重。也許是因為這樣，最近的新聞報導中有個統計數據是，到職未滿一年的新進員工離職率高達

30.6%。不知從何開始，離職成了一個潮流，相關資訊滿天飛，不禁讓人懷疑「繼續做這個工作是對的嗎？」，而且還會認為這樣想很理所當然。

女兒啊，環境越是艱難，越要冷靜面對現實。我曾在書上看過金伊娜的經驗談，她是創作出許多流行歌的作詞家。她說雖然寫詞賺的錢早已超過上班薪水，她還是持續了好幾年後才決定離職。實際上有個研究顯示，邊上班邊創業的人，和沒有工作時創業的人，前者的成功機率高出非常多。

如果為了擺脫一時的辛苦衝動離職，未來一定會後悔。很多人在沒有計畫的情況下離職，後來都為了找工作而相當苦惱。有人說自己好不容易應徵上錄取率極低的工作，卻做不到一年就離職，這件事讓他非常丟臉，後來也因為沒有歸屬感和經濟來源而陷入憂鬱，接連失敗了好幾次，最後在半放棄的情況下找到了現在的工作。他後悔地說，現在的工作條件比以前更差，他希望正在經歷類似狀況的人，都能更慎重考慮再做決定，不要像自己一樣後悔，因此才把自己的故事寫了出來。

我印象很深的是，許多人都對那篇文章表示認同，各自吐露出自己在職場上遇到的困難。所以如果你想要離職，一定要記得不要太過衝動，先建立具體的計畫和目標。

不過，這不代表公司做了什麼都要無條件承受。為了自

己的生存和成長，有時候確實需要忍耐一些事，可是一定也有些事不該忍耐。雖然工作很重要，但不失去自我更重要。為了守護自己，我們需要更多時間以更客觀的角度看待公司和工作。

你可以一個人充分思考，也可以找身邊能幫助你的人，向他們諮詢、聽取意見。如果過多的業務和其他問題讓你應付不來，就需要跟上司申請面談，說明你的狀況。面談時有件事情該注意：你要清楚整理目前的問題點，以你的立場說出能讓對方同理的內容。該表達的話要說清楚，但也要盡量保持禮貌，對方才能把你的話聽進去。

如果在工作上附加太多意義，一直消耗能量，會讓你自己變得很辛苦，無法扮演好該做的角色，也可能帶給公司損失。工作確實占據我們生活的很大一部分，但並非人生的全部，所以對工作要有責任感，但同時也要避免對於職場上的成就和成功患得患失。

此外，也需要思考生活的優先順位，照顧好自己的心。不要因為在職場上表現不夠好、不夠成熟就畏縮。能夠在這麼辛苦的狀況下堅持到現在，已經值得跟自己說一聲「你做得很好了」。記得在公司外保留一個完整的自我，在公司內才能扮演好正確的角色，維持工作和生活的平衡，讓身體和內心的肌力都強健起來！

雖然上班是為五斗米折腰，但工作不僅僅是為了賺錢。在職場上有機會跟許多人交流、建立人脈，也能在各種經驗中感受大大小小的成就感及生活的意義。即使現在的工作並不是自己喜歡的，至少也提供了經濟上的餘裕，才能去做其他想做的事情，或是有助於培養自己的能力。做什麼工作都沒關係，光是能腳踏實地過生活就已經很了不起、值得鼓掌了，因此儘管有時工作讓人受挫、覺得卑微，還是希望你不要蜷縮不前。女兒，我愛你，即使生活有時辛苦又艱難，每天累積的微小經驗仍然別富意義，願你能在其中，找到安放自己內心的方法。

　　PS. 要記得上班族的偉大，以及你現在已經做得很好了！*

雖然保有工作很重要，
但守護自己、
不失去自我更重要。

死亡

「不要忘記，才能避免再次遺憾。」

　　我的女兒，聽到身邊有人過世的消息，還是會覺得很難受吧？不久前還一起開心聊天的人突然離世，任何人都會心痛得難以接受。人生真的虛空又毫無意義，有時想到這些就無法入眠。「生與死」這詞似乎能讓不知目的地為何、只看著前方拚命跑的我們暫時停下腳步。

　　活到這個年紀，常常會聽到有些人意外死亡的消息：即使時間流逝依然無法遺忘的「世越號」慘案、看著新聞畫面仍無法置信的光州公寓坍塌事故、目前仍然有人死於新冠疫情，還有許多人因各種事件或意想不到的事情離開人世，這些都發生在我們的身邊。

　　不只在新聞上會看到，媽媽也曾親身遇過這樣的事。我在二十歲的時候，目睹親愛的家人、朋友，以及一起工作的

同事的死亡，那種衝擊和失落感令我百感交集。曾經是我生活裡一部分的人都不在了，倖存者的悲傷和痛苦，對媽媽來說也是非常難受。曾經是一起共度生活珍貴時刻的人，要擺脫他們死亡的陰影絕非容易的事。

然而，我希望你不只是用哀悼來填補死亡的空洞。我們一起記住他們離去後留下的訊息吧！我認為這是對於先到天上的他們所能表達的敬意，也是還留下來的人的責任。距離「世越號船難」已經過了好久，但每年韓國各地還是會有很多人去焚香悼念他們的死亡。

某位女性接受採訪時，一邊回憶著那天一邊說：「我跟當時遇難的學生同年，現在的我已經在準備就業。我認為那些學生在意外發生時什麼都沒做，也許是因為從小被教導要聽話。我想成為帶給學生機會的老師，讓他們能學會思考及反省，而不是只學到壓制別人和競爭的方式。」

世越號船難帶給社會很大的衝擊，與遇難學生同齡的人都對國家和社會有著很深的失望和質疑。不幸中的大幸是，慘案發生後，大家對合作的必要性以及想要改變社會的意識提升了。這些自稱為「世越號世代」的孩子們即將進入社會，他們決心要成為「不一樣的大人」，不讓悲劇重演。我看著他們覺得很抱歉，也很感謝他們說出社會該前進的方向，並且在自己的位置上，以自己能做的方式發出聲音。

這些事並非與我們無關，發生在這些孩子身上的事，可能某天也會發生在我們身上。他們只是先替我們面臨了死亡。為了讓還活著的人不要再經歷同樣的狀況，我們都要在心中敲響警鐘。我們似乎太晚才透過別人的死亡體會到現在的生活多麼珍貴，我們應該更有意義地生活下去。

　　俄國著名作家兼思想家托爾斯泰透過九十多篇的作品留下「memento mori」，也就是「記住死亡」這個議題。他一生都在思考該如何生活，後來他說「成為一個更好的人的過程，就是人真正的價值」。不該被動地茫然等待死亡，也不該擔心、害怕死亡，應該要認為這是尋找自我、讓自己成長的一連串學習和體會的過程。媽媽希望你能成為「更好的大人」，為建造「更好的社會」貢獻一份心力。女兒，我愛你，謝謝你還活著，陪伴在我身邊！

　　PS. 「所有人都會死，只是早晚的差異而已。
　　　　重點是不要被死亡吞吃了。」
　　　　　　　— 動畫《魔法公主》✽

我們一起記住
他們的離去所留下的訊息吧！

付出

「不能只有我和家人
吃得好、過得好。」

　　也許是為了緩和越來越艱辛的社會氛圍，近來看到許多伸出援手的暖心報導。你也看過吧？有些人自己過得並不富裕，依然辛苦存錢捐給處境更艱難的人，每次看到這種報導時，除了溫暖之外，還有更深的感動。大家都知道，生而為人能夠為他人付出，比任何事情都更有價值。

　　哈佛大學曾進行一項關於「付出」的有趣實驗，他們讓醫學院的學生參與志工服務，然後再測量學生身體的免疫力。結果正如他們的預期，跟志工服務前相比，他們的免疫力數值大幅上升，接著還有一件事情更神奇，這次他們讓受試者閱讀一輩子為窮人、小孩、病人服務的德蕾莎修女傳記，之後再以同樣的方式測量免疫力，結果讀傳記的學生免疫力提升得更多。哈佛研究團隊稱這種讓人產生正向改變的效應為「德蕾莎效應（Teresa effect）」。就算自己沒有親自去犧牲

奉獻，光是看到別人這麼做，我們的身體也會變好，真的很神奇吧？這是不是意味著付出帶給我們很大的意義？

以前你二阿姨曾說過一句話讓我很扎心：「我們生活的目的不能只是讓自己和家人吃得好、過得好，應該要成為對別人有幫助的人。」我一直以為我沒辦法做什麼很了不起的貢獻，頂多只能向家人或身邊的朋友分享我所擁有的。但其實只要抽出一點時間，稍微積極一點就能做得更多，我卻找各種藉口，沒有實際作為，就像寫不出作業那樣一再拖延，因此我深感愧疚。你阿姨那句話的意思是，不能只有我們一家人吃得好、過得好，也要幫助需要的人。

之後，雖然不是大筆金額，但我開始捐款，也初次嘗試志工服務。看到人家再怎麼忙，平常只要有志工活動都還是會定期出席，我便對於一個月只捐一點點錢相當過意不去，於是我將一年當中存下要捐款的錢，做為購買物資的捐贈金，也親自擔任志工搬運生活物資。

當我在準備及執行物資搬運的志工服務時，真的有很多內心澎湃的時刻。我將這段經驗和招募志工的文章上傳到當時我使用的部落格，結果短短一天申請者已經超過募集的人數，而且還有些人表示，他們想要參加卻無法實際參與，希望能捐款來響應。我跟網站經營者說明這狀況後，決定開設正式的募款帳戶，許多素未謀面的人因為相信我而匯款過來，也有人寄來搬運時，需要使用的手套和推車等用具；在活動

進行當天也有人準備一大箱飯糰、飲料、水果和零食等等。就這樣，超過三十名善心人士在兩個小時內完成分送物資的工作。明明是在寒冬中，我們卻滿臉都是汗，大家展露的笑容真的很美麗。託志工們的福，隔年也繼續進行分送物資的志工服務，我跟許多溫暖的人一起度過如禮物般的珍貴時光。

我們的生活太過忙碌，只看著前方拚命奔馳，有時會突然問自己「追求這些到底有何意義和價值？」，也會懷疑「咦？這好像不是我想要的……」。這種時候試著向其他人付出一些什麼吧！雖然每個人都是第一次度過這一生，但生活的模樣會隨著生活方式而不同。如果你是為了「我們」、「所有人」、「一起」的幸福，連小東西也分享出去，久而久之就會發現你的身邊都聚集著好人，你的生活也會因此變得更幸福。

聽說在這個世界上僅次於「我愛你」的美麗詞彙就是「我幫你」。當然每個人對生活的價值都會有些不同想法，但媽媽認為，生活真正的價值不僅是自己變得幸福，而是要與其他人一起變得幸福。付出雖然是為了他人伸出援手，但實際上也可說是拯救自己，為別人著想的最大受益者正是自己。如果這樣思考，就不會覺得「付出」只是一個功課。

不需要做出很龐大的事，看看你的四周吧！在你現在所站的位置上，再小也沒關係，一定有能分享些的事物。光是踏出這一小步，也會讓你的生活變得很有意義，你將體會到

什麼事情會在時間流逝中越磨越亮，然後希望你能追求那種
生活。女兒，我愛你，要記得幸福是越付出越多的！

PS. 物質的豐富當然很好，但希望你能享受精
　　 神的豐富，也就是領悟「分享的幸福」！✱

為他人伸出援手
就是拯救自己。

理解

「換位思考是為了自己。」

　　女兒，這段期間你常常對媽媽失望，覺得媽媽為什麼不懂你、為什麼說這樣的話。就連世界上最理解你、最愛你的家人都會如此，更何況是別人呢？以後你應該會常常感受到生活中最難的事情，就是人際關係。

　　某個神父曾寫下一對父子的故事。兒子為了演戲而搬到首爾，某天他回到家裡，希望爸爸幫他支付房子的保證金，爸爸便說：「你這傢伙好手好腳的，都不想去工作賺錢、成家立業，還搞什麼演戲？你的朋友早就都結婚買房，也生了孩子，你看看你這是什麼德性？」爸爸無法冷靜地說出真正想表達的意思，反而是在情緒激動的情況下，對兒子說出這一連串的話。兒子沒有回嘴，只是垂頭喪氣地離開。

　　後悔的爸爸看著兒子的背影，悲從中來，非常難受。兒

子回到首爾後，寫了一個訊息給爸爸：「爸爸，以後我不會再找你了，謝謝你過去的照顧。」

　　爸爸看到兒子的訊息大受衝擊，打了好幾次電話，也傳了訊息，卻沒有收到任何回應，其實爸爸說出口的話跟內心所想的非常不同。爸爸很清楚兒子擁有與眾不同的天賦，從小成績優異，展現出卓越的領導能力，他非常以兒子為傲。兒子考上好大學，拿到獎學金時，他也非常自豪，連兒子說畢業後要選擇跟主修完全無關的戲劇時，爸爸也沒有太大的反對，因為他相信無論兒子做什麼都能好好發揮自己的能力。雖然他這麼相信並愛著兒子，但其實他有些內心話無法對兒子說。爸爸是承包大型建案的承包商，但最近承包公司破產，欠了一大筆債，不久即將倒閉。剛好兒子來找他的時候，正是倒閉前夕，他沒辦法向家人透露，即使後來想說出真相，卻已經錯過時機。不瞭解狀況的兒子，離開後就斷絕聯絡了。

　　站在兒子的立場上會覺得，是因為現實生活不容易才來找爸爸，但爸爸反而拋棄自己。兒子作夢也沒想到爸爸現在正面臨更大的痛苦，連應該要互信互愛的關係都無法正確表達，只能說反話。這種情況出乎意料地常見，故事就這樣結束了，作者看到爸爸的後悔，寫下這篇令人惋惜的文章。如果故事的結尾不是停在爸爸的後悔，而是爸爸嘗試向兒子，或是兒子嘗試向爸爸對話，哪怕「只有一次」也好，如果雙方曾經努力過該有多好？不就能好好理解對方的心意了嗎？

說不定能化解對彼此的誤會，變成圓滿結局。就算無法完全解開彼此的心結，光是有心想要聽聽對方的立場並理解，這樣的努力也很有意義了，因為起碼有盡力，至少不會有遺憾。

媽媽也有好幾次因為人際關係的問題而心痛過。尤其曾經是每天都會連絡的親密好友，現在卻連問候都無法自在開口，真的令人遺憾又悲傷。片刻的誤會讓所有一起共度的回憶成為過去式，你明白那樣的心情嗎？每當那時我都會試圖站在對方的立場，理解他為什麼做出那個選擇，後來才比較能坦然接受那些狀況。當然並不像說得容易，可是當我努力從「I」的視角轉換到「YOU」的視角來看，就會有一個神奇的體驗，也就是「誤會」變成「理解」。歌德說過：「人的本質在於理解他人。」我覺得這句話值得反覆細細咀嚼。

「換位思考」看起來是為對方而努力，但其實最大的受惠者是自己。理解他人的立場終究是讓自己變得更好，若以這樣的心態生活，就能更理解他人，自己的心情也會變得舒坦，還能因此逐漸拓寬思考範圍，改變看待人和世界的角度。女兒，我愛你，要記得，換位思考終究是為了自己好！

PS. 每個人都有隱藏在外表之下的故事。✽

「換位思考」
看起來是為對方而努力，
但其實最大的
受惠者是我。

偏見

「最難逾越的牆是價值觀。」

「在某個狂風暴雨的日子，發生了遊艇沉船的意外，而搜救船上只剩下一個座位，這時某位男子留妻子一人在遊艇上，獨自搭上搜救船，妻子在沉沒的船上向先生大聲呼喊，究竟她說了什麼呢？」老師的提問引起學生騷動。對於為了獨自逃亡而登上搜救船的男子，很多人說出混雜著抱怨的批評。女兒，你也是這樣想嗎？

在一陣騷動中，有個學生舉手說：「老師，妻子應該是說『孩子就拜託你了』。」老師驚訝地問：「你聽過這故事嗎？」孩子搖搖頭回答說：「我媽媽過世時，也是這樣對我爸爸說的。」老師激動地說出這故事的結尾：「妻子跟沉沒的船一起離開人世間，先生連同妻子的份好好栽培女兒長大。過了一段歲月後，女兒長大成人，爸爸也不在這個世界上了。女兒整理爸爸的遺物時，讀到爸爸的日記。爸爸寫道，雖然

不忍心送心愛的妻子一人離開，想要跟她一起死，但因為有女兒，他沒辦法這麼做，對於獨自孤單地沉入海中的妻子，他感到非常抱歉。」在船隻沉沒的那時，妻子早已身患重病，先生在妻子的拜託之下，獨自登上搜救船，活了下來。

瞭解故事的真相後，就會產生不同的看法，對吧？打破偏見後，就會是另一個故事。在畫家彼得·魯本斯的作品《羅馬人的慈悲》中，畫著雙手被綁住的老人正吸著年輕少女的乳頭，乍看之下，會以為老邁的男人和女兒輩的女人之間有不洽當的愛戀關係。實際上在這幅曾多次引發藝術與猥褻之爭的畫作中，蘊含著感人的故事。

老人是為波多黎各的自由和獨立而戰的鬥士，女人則是他的女兒。獨裁政權將老人判處絞刑，並斷絕他的飲食直到行刑前。當時老人的女兒為了見父親最後一面前往監獄，眼看著父親瀕臨餓死，剛生產完的她毫不羞愧地以母乳餵食父親。這幅畫蘊含著父女間的愛、犧牲與愛國之情，是崇高的作品。對瞭解其歷史背景的波多黎各人而言，是藝術價值極高，乘載著民族精神的驕傲。不懂時的批判，也有可能在瞭解後變成感動。

人常常只看表面就輕易判斷，不去思考其他可能性。這樣做出的判斷不僅很容易有誤，還有可能傷害當事人。

回到一開始的故事裡，先生搭上搜救艇僅剩的一個位

置，留下妻子獨自面對死亡。許多人聽到這裡就會開始批評。我們不一定會像那位學生擁有類似經驗，但如果可以在做出判斷之前習慣多加思考，就更有可能接近背後的真相，不會只依照眼前的狀況隨便說話。

「見者非全」這個詞的意思是指「所見的並非全部」。事實與真實不同，就算親眼看見，也很有可能跟我們以為的真相極為不同，所以要避免只依據眼前的事物輕易下判斷，忽略視線以外的面相。

尤其在對待人的時候要格外小心，隨意揣測的結果不僅僅是一個想法，也有可能帶來傷害。網路世界的一切都是匿名，越來越多的人會太過輕易地批評別人。大家會忽略自己相信的真實可能有誤，或藏著偏見，然後不分青紅皂白地攻擊別人。嚴格來說，這就是犯罪行為。儘管總有一天會真相大白，但過程中受害者經歷的痛苦，又有誰負責、又該如何補償呢？

我們在生活中，會發現許多事情的善惡真假混雜在一起，光憑雙眼往往難以輕易看透。無心丟下的石頭可能會砸死一隻青蛙，無心拋出的言語和行為也可能讓他人受傷、難過、煎熬，甚至會毀了那個人的一生。想到這些事情，就會更知道要重視眼所不能見的真實。

媽媽活到現在這把年紀，也有幾次因為那些只看表面的

話語而受傷、心痛。值得慶幸的是，這讓我學會要努力以謙虛和理解的視線來看待他人。實際發生在身上之後，我才體會到我所見的世界並非全部，並且能更虛心地生活在這個世界上。

當我們能夠認知到彼此的差異和多樣性，試圖區分真實與虛假，以柔軟的眼光來看待對方，那麼就能更舒服、更喜悅地過每一天。女兒，我愛你，希望你能夠保有開放的心態，知道即使是我們看見、相信的事，也不一定是事情的全貌。

> PS. 聽說在這個世界上最可怕的牢籠就是想法的牢籠、最難跨越的牆就是觀念的牆。希望你能打破自己的偏見，以更開放的心胸來看待人與世界。✽

你所看見、相信的
可能不全都是真的！
視線外的真實也值得重現。

「寫作是人最強的武器。」

　　女兒，你曾問過我怎麼有辦法持續寫作。你說高中時寫作文，大學時寫自我介紹，成為上班族之後寫報告，就算寫過這麼多東西，只要看到白紙，腦筋還是一片空白。媽媽也是這樣，雖然我一直以來因各種原因寫下很多文字，但依然害怕寫作，覺得寫作很困難。你知道為什麼儘管如此，媽媽也沒有放棄嗎？

　　因為活到現在，媽媽體驗過很多次文字的力量，說得更精確，是體驗過蘊含真心的文字能產生多大的威力。當有人受到媽媽寫的文字影響，或是因此感動，這些回饋都帶給我很大的改變。而所有一切，都是因為開始寫作才有可能發生。

　　你可能會問，你的夢想又不是作家，需要好文筆嗎？只有全職作家或專家才需要書寫的時代，很久以前就過去了。

在媽媽還小的時候，出書、寫作都僅限於特定人士，不過現在已經不同，我們所在的這個世界，任何人都要會寫作，而且要持續寫才行。現在的人已經越來越少面對面說話，更多的時候是在網路上透過文字溝通，往後更會如此。而在網路溝通的基本，就是寫作。

寫作是將自己的想法，以文字表達的能力。在將腦中的思緒以文字清楚輸出的過程中，會產生更多新的可能性和靈感，而且盡心寫下的文章，也會在某個時刻帶來無法言喻的龐大成就感。

哈佛大學的羅賓沃德博士曾問過一千六百位哈佛畢業生：「你認為目前所學的事當中，哪件事在畢業後最重要？」想知道被稱為世界頂尖人才的他們回答什麼嗎？很驚人的是，不是我們所想的領導力、創意、社交能力等答案，九成的答案都是：「寫作技術」，高居首位。意思就是，「寫作」即使在職涯中也是最重要的，需要持續努力的領域。為什麼大家這麼強調寫作呢？

寫作時必須整理腦中的想法再以文字表達，所以是需要高度思考力和專注力的工作。若想要寫點東西，首先要有自己獨特的觀點，然後必須先將想法確實重整梳理，才有辦法轉化為清楚的文字，透過這一連串的過程，就能自然培養出批判性思考、邏輯和創意等能力。對於必須在社會上發揮自己能力的人來說，寫作是將知識內化最確實的方法，也是能

在自己的領域成為真正專家的途徑，更重要的是，寫作也有助於重整自己。將想法整理後寫成文章的同時，也是一個好機會能再次檢視自己缺乏、不足的部分，同時更深入去思考並理解自己和自己身處的世界。

你會問我，那麼該怎麼做才能寫出好文章。生物學家查爾斯・達爾文在說明人類的起源時，舉了三個最能展現人類文化的活動，也就是釀酒（brewing）、烘焙（baking）和寫作（writing）。這三個活動的共通點不是別的，就是發酵與熟成。必須先吃苦一段時間，經歷多次的練習和失敗後，才能有所獲得。也就是說，寫作能力非常需要努力和練習，就算一天只寫十分鐘也要每天堅持下去，才能透過持續寫作的過程，逐漸掌握書寫的訣竅。擁有好文筆沒有捷徑，要有許多 Input（輸入），才能有許多 Output（輸出）。除了多讀、多看、多寫之外，沒有其他方法。

寫什麼都無妨，想到什麼就先寫下來再說，不要受限於格式，什麼方式都好。在生活中看到、聽到什麼之後，一有想法就記錄下來，這樣當你以後要用文字表達自己時，就會得到很多幫助。女兒，我愛你，養成寫作的習慣吧！這不僅能夠提升你的知性，也能引領你找到心的方向！

PS. 言語和文字會展現出一個人的生活態度。
　　 希望你能寫出所想的，活出所寫的生活。✿

如果能夠將自己的想法
以文字整理得很清楚，
就會有更多新的可能性和機會。

自卑

「匱乏得越多，表示能填滿得越多。」

　　我的漂亮女兒，今天你回家的時候悶悶不樂，在外面發生了什麼事情嗎？早上你還開心地說要去參加派對，慶祝大學同學找到工作。我想到幾天前你說那位朋友的父母都是專業人士，家境富裕，朋友很會念書，也很有異性緣，你的語氣聽起來很羨慕，也有點吃味。對啊！這是有可能的。任何人只要看到比自己擁有更多、比自己更成功的人，都很容易在羨慕的同時傷到一點自尊心。就算那人是親近的家人或要好的朋友也是一樣。

　　「匱乏」在字典上的意思是「缺乏、不足」。雖然通常用做負面的解釋，但「匱乏」有時卻是我們人生中的成長動力或成功原因。當然並不是所有的匱乏都是如此。匱乏有分兩種，帶來成長的匱乏，以及造成挫折、打擊的匱乏。

能夠讓自己成長的「匱乏」，起始點在於認知並接受艱難的現況。察覺到自己的缺乏、不完美與不足後，再逐漸填滿空空的器皿。我們會透過這樣的過程更加成長，變得更堅定；相反地，若一昧否認或埋怨自身的缺乏，只會帶來無法擺脫的自卑感，長期陷入看輕自己的情緒裡，難以改變。

生活中有時難免會覺得自己比別人更寒酸，因此產生畏縮的心理，不過不僅僅是你會這樣。無論是在大家眼中多了不起的人，也都曾感受過同樣的情緒。沒有完美的人，所以沒必要跟別人比較，也沒有必要太過羨慕或自卑。別人的生活就是別人的生活，每個人遇到的事情和程度不同，但他們也勢必和我們一樣有缺乏的部分。

在這個世界上有很多人克服了自身的缺乏，在各個領域中走出自己的路。你應該聽過有些過度肥胖的人，透過持續管理身材，恢復適當的體重和健康，找回生命的活力。他們並沒有只是埋怨身形，或是停留在肥胖不健康的悲觀之中，已經開始在享受努力後獲得的成果。在書店也經常能看到這樣的案例，有些作者勇敢寫出了憂鬱症或各種失敗經驗，後來書籍登上暢銷排行榜。他們正視自己的缺乏，堂堂正正面對後，轉禍為福，獲得了成功。

媽媽也是如此，我在成長過程中，也感受過大大小小的匱乏，幾度因內心徬徨而備感煎熬。我從小就特別不愛說話，陷入憂鬱的狀態後，說的話就更少了。直到某天，突然想到

如果我一輩子都要這樣生活，就覺得太可惜了！於是我帶著「人生非常寶貴」的想法，努力填滿我的空缺。

「匱乏」這個沉重的秤陀掛在我的心上，讓我得以成為一個更踏實、更好的人。此外，「匱乏」也讓我更謙虛，能站在別人的立場上多想一次，理解別人的心情。「匱乏」是如此成為我成長的原動力，是寶貴的資產、夢想的材料。如果我的人生沒有匱乏，想必我就不會那麼努力，也不會因此得到許多體會。回顧過往，會發現不平靜的日子裡，並不是只留下傷口與痛楚而已。

蓮花的花語是「清純、純潔的心」，據說蓮花是將淤泥中的汙染當成養分而開出美麗的花朵。儘管一輩子生活在泥潭裡，蓮花仍然開出碩大、優雅的花，還散發出無瑕的潔淨香味，再加上蓮花並不僅是自己專美於前，還幫忙淨化骯髒的泥潭，因此中國北宋的儒學家周敦頤在《愛蓮說》中說：「蓮，花之君子者也。」讚嘆蓮花擁有君子的風采，即使身處世俗中，也能保持超然的態度，不受影響。

不怪罪身處的環境，不被缺乏的條件所限制，將困境化為成長的意義與原動力，這種能力不僅蓮花有，我們身上也有。要記住，祕訣在於面對匱乏時的態度。為了將缺乏昇華為成長，我們不該把其他人當成比較對象，應該要跟自己比較，為自己決定努力的方向承擔責任。沒錯，我知道過程會很辛苦，但我也深信只要走過這段路，在生活變得更自由的

那天，一定也能笑著飛翔。女兒，我愛你，不要因為自己的缺乏而受挫，希望所有的不足都能成為你成長的材料，讓你成為更好的人。

> PS. 用你喜歡的、你想要的顏色來填滿匱乏的空間吧！光是看到那個過程，也會讓你成為比昨天更好的人。✽

希望你的匱乏
能成為成長的材料，
讓你成為更好的人。

閱讀

「我終於能理解他人。」

　　聞名世界的比爾蓋茲曾說：「我今日能站在這裡，必須歸功於我家鄉的小圖書館。對我來說，閱讀習慣比哈佛畢業證書更重要。電腦無法完全取代書，到頭來說還是要有書。」現在的人就算不閱讀也不妨礙生活，所以這句話沒辦法打動你吧？那麼媽媽跟你說個故事。

　　閱讀帶給我的生活很多變化與影響，說我大部分的人生智慧都是從書中學來的也不為過。同時，閱讀也是改變我人生的強力源頭，改變了我從小就很內向的個性，讓我能在各種聚會中站在前頭成為領導者，讓我在職場上快速升遷、獲得認可，也讓我將想法付諸行動，這一切都是因為閱讀，閱讀帶來的影響非常大。

　　不用跑到很遠的地方，只要透過幾本書就能看到許多聖

賢和成功人士的故事，進而學習人生智慧，真的很棒！當然，自己親身體驗，透過看見和感受來學習也很有意義。不過，我們可以透過書本間接得到許多智慧與資訊，減少失誤次數。

媽媽在所謂人生黃金期的二十歲並沒有過得非常精彩。大學入學考試失利後，長期陷入挫折的泥沼中無法自拔。以前的我自尊心很強，這輩子第一次經歷到的失敗，讓我畏縮地關進自己的洞穴裡。儘管看上去還是過著正常的生活，別人根本不會察覺到，但事實上我正在穿越一個幽暗的長隧道。那段時間閱讀帶給我很大的安慰和力量，也幫助我平安脫離隧道，並且進一步成長。

當我因離別而痛苦時，柳時和詩人的《去愛吧！彷彿從未受傷過》安慰了我；讀到李海茵修女的《如同用香味說話的花一樣》，讓我想要成為像她一樣寫出好文章的作家；當在職場上成為管理者、在社會上成為領導者時，我讀到李鍾善的《溫暖的領導力》，努力成為書中所說的人。我依稀記得有個同事說過「溫暖的領導力」這個詞很適合我。不僅如此，當我因親近的人離世而害怕悲傷時，也是閱讀守護了我。

原本我不敢走向陌生人聚集的場合，現在能主動舉辦讀書會，並且將想法付諸實踐，這都是閱讀的力量。很長一段時間，我透過聚會認識許多人，聆聽與我不同之人的生活和想法，那段時光真的很有價值。仔細想想，讀書會裡有很多人平常就喜歡閱讀。還有一些人雖然也有固定閱讀的習慣，

但卻是在出社會後才體會到閱讀的重要性和必要性，因此決定加入讀書會。

　　透過閱讀得到的最大好處是什麼？有人回答說：「我終於能理解人。」意思是，因為理解其他人，所以看待人與世界的視角不同，連自己的生活都改變了。媽媽透過閱讀得到的最大禮物是「更理解別人」，透過閱讀得到智慧和知識當然也很有意義，但若能努力讓智慧和知識完全內化，你的生活就會更豐富。女兒，我愛你，希望你的生活能豐富到足以成為一本書的故事，我會為你加油！

　　PS. 當你覺得自己獨自一人時，書本也會成為你最好的朋友和老師。✿

大部分的人生智慧
都是從書中學來的。

第
3
章

致

渴望追求幸福生活的你

界限

「別畫地自限，相信自己一次。」

　　我珍惜的女兒，有時候你會想「我的界限是不是就到這裡？」。有可能是因為年紀，也有可能是因為自己是個女性而退縮。我們自認為很瞭解自己，但現實往往並非如此，我們很容易低估自己的能力。

　　幾年前我曾在新聞上看過全美順副機長的故事，她原本是空服員，後來三十七歲當上了機師，在一百六十人當中脫穎而出。擔任空服員的期間，她在飛行實習時，第一次坐在駕駛座上看著飛機起降。她當時心想：「原來還有這樣的世界，為什麼我一次都沒有想過？為什麼不在我的夢想中呢？」於是她在剛滿三十五歲時，到美國準備機師考試，隔年年底取得機師執照歸國。但現實很殘酷，當時她的年紀是三十五歲，這是航空業不曾見過的高齡，她帶著忐忑的心情第一次挑戰，卻在文件審查時被刷掉了。雖然因年紀和性別而受到

限制，但她並沒有受挫，而是繼續挑戰，終於獲得了最後面試的機會。

聽說面試官問她：「在機師的職場中，女性飛行員不常見，你覺得這是為什麼呢？」她回答：「因為大部分的航空公司不會選女性機師，所以就算女性已經準備好，也不太會入選，但如果你們選擇我，你們將會成為第一個展現出性別平等、一視同仁的航空公司，之後也會有許多優秀女性機師來應徵。」她因此被錄取了，在採訪的最後，她說：「妳也做得到。」

我們有時候會被自己畫的界線困住，在面對一件該做的事情時，先想到的是自己做不到的原因並加以合理化，而不是去思考如何做到的可能性。我們常常埋怨自己身處的環境或周遭的狀況，但如果連試都沒試過，只想著做不到的理由，那麼結果自然不用多說。無論是生活還是工作，親自嘗試並體驗是很重要的，如果只是畫出界線，不去挑戰，那麼人生就只會剩下遺憾和後悔，因為很多東西沒有親自做過是不會知道的。當然這不代表所有的事情只要盡全力就能如願以償，可是我希望你不要沒有嘗試和努力，從一開始就認為不可能做到。

「Francezone.com」是旅居法國的韓國人所創立的新聞網站，跟職業、工作相關的陰性新詞曾變成這個網站的熱門話題。法文名詞分為陰性和陽性，有些職業、工作原本只有

陽性詞彙，現在卻開始出現了陰性詞彙。聽說法蘭西學術院已經正式承認這些新詞，結果這個決定在法國社會掀起一股很大的反彈。現在幾乎大部分的職業都已經沒有男女區隔，所以我覺得法國採用新的陰性詞彙應該是順應時代潮流的必然結果。

專家解讀說，女性在社會上的參與變得顯著，是因為科學技術的發展加上女權意識的提升，讓女性能發揮知性、精巧和縝密等優點。曾經「因為是女生」而被迫放棄的事情，現在反而「因為是女生」而成為優勢。

女兒，往後能前進多少是由我們自己決定的，這世界掌握在「相信自己能做到」的人手裡。越相信自己，就有越多機會能創造成就，說不定我們身上缺乏的並不是能力，而是對自己的信心。只要你認為自己能做到且不放棄，機會的門一定會開啟；當你覺得自己做不到時，已經開出一個小縫的門也會關上。希望你不要低估自己的能力，斷定自己做不到，而是在你的生活中增添可能性，然後一定要記得那可能性永遠都在你的心中。女兒，我愛你，不要一開始就畫地自限，相信自己一次看看！

PS. 擺脫給自己的限制，
也是該由自己來做的事。❀

說不定我們身上缺乏的
並不是能力，
而是對自己的信心。

幸福

「這一瞬間的日常就是奇蹟。」

　　我的女兒，今天有發生什麼好事嗎？你看起來心情特別好，媽媽的心情也跟著好起來了。生活中有些片刻會讓人覺得「喔，這就是幸福！」，比如說，跟心愛的家人一起旅行時；天氣晴朗的初夏，在草地上鋪著草蓆，跟朋友天南地北地聊天時；順利結束忙碌的一天，回家洗澡後自在吃宵夜時……平常的日子裡藏著很多奇蹟似的時刻，回顧你所在的四周，用心感受看看吧！

　　有句話說「禍福相倚」，意思是幸福和不幸是無法分開的。有些人之所以覺得不幸，是因為對自己所擁有的幸福視若無睹，無法感受到幸福的存在。生活不會每個瞬間都很幸福，生活也不會每個瞬間都很不幸。

　　有時候，我們也會透過體驗不幸來學習幸福。想想看，

大部分的人在健康的時候，不太能感受到健康的可貴。但如果感冒發高燒，或是摔斷腿，無法正常行走時，就會體會到健康的珍貴。幸福也是如此，失去理所當然的事物後，我們才能夠確實理解過去有多幸福，對於自己所擁有的一切，發自內心感謝。

但是，幸福也有可能在一瞬間變得不幸，那就是當我們開始與他人比較的時候。如果我們總是把自己和別人的擁有物放在天秤上，幸福的感受也會漸漸消失。親愛的女兒，要記得，不幸源自於比較，幸福則源自於滿足。

幸福不需要滿足特定條件，例如擁有的物質夠不夠多、達成了多少願望；相反地，幸福左右於自己的心態。我聽別人說過，幸福的人就算沒有特別的原因，也懂得享受生活。我想，祕訣應該就在於關注生活中的小事，並抱持著感謝的態度吧！雖然是些毫不起眼的小事，但終究是那些不起眼的小事讓我們變得幸福。仔細回想就會發現，真正讓我們露出溫暖微笑的，都不是什麼不得了的大事。不需要刻意到遠處找尋幸福。當你決心要成為一個幸福的人，幸福就會在那一刻來訪。

親愛的女兒，還有一件事要記得。不要去追求別人眼中的幸福，要知道什麼才是自己的幸福。懂得自己創造幸福片刻的人，才能擁有更多幸福的機會。有時候人們很努力讓自己看起來過得比別人好，結果反而忽視了心中真正的感受。

孩子，媽媽希望你能獲得完整的幸福，不要在意他人的眼光，把焦點放在自己身上吧。

　　就算沒辦法擁有符合社會標準、他人眼中成功的生活，還是可以過得很幸福。我認為，能夠在生命的黃昏說出：「我過得很幸福」的人，才是真正的成功人士。幸福並不存在於汲汲營營達成目標後的目的地，希望你記住，幸福存在於我們生活中的每時每刻。女兒啊，我愛你，我們一起度過幸福的每一天吧！

　　PS. 幸福在於 here and now。如果在此時生活的
　　　　當下、在這裡無法感受到幸福，幸福就會
　　　　一直離我們很遠。✽

不要去追求別人眼中的幸福，
要知道什麼才是自己的幸福。
懂得自己創造幸福的人，
才能擁有更多幸福的機會。

運動

「不要糾結於體重，
要以健康為目的。」

女兒，你最近很疲憊吧？以前一到週末就東奔西跑出去玩的你，自從開始減肥後，躺在床上的時間增加了很多，令我心疼又不捨。現在的你可能還感受不到運動的急迫性，但長久下來體力肯定會變得非常差，而且為了減肥飲食不規律的結果，只會讓身體吃不消。

媽媽步入四十歲之後，第一次下定決心要用健康的方法減肥。以我的身高來說，本來體重一直維持在適中的程度，但生產過後，增加的重量卻遲遲減不掉。直到某天看著鏡子裡的自己，我非常不滿意，不知道是不是年紀大了，身材和臉蛋走樣，衣服穿起來很不好看。實際親眼看到、感受到自己的變化之後，驚覺再這樣下去不行，才開始制定健康減肥計畫。曾經只會「呼吸運動」的我，為了健康努力運動、控制飲食，結果生活也跟著產生龐大的改變，衣服穿起來好看

了，站在鏡子前也自在了許多。

　　不過更好的是，因為肌肉量增加，體力變好，我的疲勞感也減少了，這樣的成果提升了我的自信心。原本到了這個年紀，已經對於嘗試新事物興致缺缺，但成功減肥的經驗，讓我重新願意挑戰其他事物。

　　我曾經在《好想法》雜誌上看過一篇關於運動的故事。有個女生過得很憂鬱、不安，因為突然失去工作，再加上求職困難，使得她變得恐慌害怕，成天把自己關在房間，過著有一餐沒一餐，整日睡覺的生活。隨著生活越來越不規律，負面想法也越來越多，這時，她的奶奶溫柔說了一句：「今年春天花也開得很漂亮，我們一起散步賞花吧！」在前往公園的路上，她看到美麗的花朵和許多向前奔跑的人，突然產生一個念頭：「花並不是只能在一處靜靜綻放，當人充滿活力時，也能像花一樣美麗。」

　　從那天起，她開始每天散步，過了一週後變成跑步。原本稍微跑一下就喘得心臟快爆開，漸漸習慣後，心臟也越來越有力。奶奶說：「看到你開始運動，奶奶也放心了。只要不放棄自己，總會遇到讓你微笑的日子」，她的心靈似乎也變得更有力，運動的意義早已經遠遠超過運動本身。

　　無論是身體還是心靈，如果沒有將健康列在優先事項，失去之後就要花很多時間和金錢才能恢復，所以不要等到後

悔，現在就下定決心吧！剛開始不要太急、設下太困難的目標，很快筋疲力盡不說，也會放棄得很快。一點一點持續進行吧！要記住，「體重」不是運動和減肥的目標，所以不要糾結於數字，以培養健康的身體為目的，開始運動吧！身上的肌肉越多，心靈的肌肉也會更有力。女兒，我愛你。You can do it!

PS. 每個人都要對寶貴的身體，給予基本的尊重和愛護。✽

原本到了這個年紀，
已經對於嘗試新事物興致缺缺，
但成功減肥的經驗，
讓我重新願意挑戰其他事物。

珍惜

「擦肩而過的緣分，
也有可能深刻而美好。」

　　我最愛的女兒，最近過得好嗎？這陣子你常常為人際關係而煩惱，獨處的時間變多了。媽媽以前也常常因為類似的問題傷透腦筋，不過幸好時間過去，不好的記憶逐漸淡忘，留下的都是美好緣分帶來的回憶。「人間」這個詞有很深的含義，「人」是由兩撇交互倚靠在一起而成，「間」則是人與人之間，也就是「關係」的意思。人，正如其形，是無法獨自生活在這個世界上的，注定要認識其他人，締結關係後一起生活，所以「看待緣分的心態決定我們的一生」這種說法並不為過。

　　我這輩子最後悔的事情之一，就是必須向曾經交心的人道別。以前的我沉浸在忙碌的生活中，錯失溝通的機會，無法及時將想法傳遞給重要的人，結果不是因此斷絕了聯繫，就是因為誤會，只能親眼看著對方轉過身去。每當發生這種

事情時，遺憾都會擱在我的心中，久久無法抹去。彼此的關係越親密，分開時的遺憾也會留得越久。

其中也有輕率以為倆人不可能再見面，後來卻意外再次碰面的尷尬場面。雙方的關係一旦變調，再怎麼努力也難以回復原狀，這就是為什麼必須重視所有緣分的原因。

世界上最寶貴的是人，最難相處的也是人。想要長時間跟人好好相處、維持良好關係並不容易。不過，應該要釐清的一點是，我們不需要去努力遇見好的人，而是要先讓自己變成好的人，這樣好的緣分自然而然就會出現。要知道，一段好的關係不會自然生成，必須由我們主動締結。不要太過理性地用各種標準衡量誰重要、誰不重要。親愛的女兒，希望你能銘記在心，即使在我們眼中不值一提的人，在某個人眼中，也會是比全世界任何事物都重要、獨一無二的存在。

有句話說：「愚笨的人遇到好的緣分不會發現，普通的人遇到好的緣分不會把握，聰明人遇到好的緣分，光是擦過衣角也能締結深刻的關係。」緣分這種事沒人說得準，沒有人能保證往後這段關係變得如何。有時候看似綿薄的幫助，卻成為對方終生難忘的回憶。所以，無論再小的事都不要忽視，鼓起勇氣，讓想要對他人付出的關心不只停留在心裡，而能夠確實傳達出去，這樣就夠了。女兒，我愛你，願你的人生有許多珍貴的緣分伴隨。

PS. 希望你也能成為別人眼中意義深遠的人。✽

即使是在我們眼中
不值一提的人，
也可能是某個人眼中，
比全世界任何事物都重要、
獨一無二的存在。

旅行

「路途上的新風景，
也會改變心中的風景。」

　　女兒，你好嗎？今天過得如何呢？反覆的日常讓你無聊
又鬱悶嗎？像鐘擺一樣往返家裡和公司，這種生活確實讓人
厭煩，媽媽有時也這樣覺得。雖然每一天都盡量努力生活，
並在其中尋找意義，但有些空缺仍然無法被填補。當心中出
現問號，就表示我們需要一個逗號，這種時候，媽媽就會打
包行李，出去旅行。

　　對媽媽來說，旅行不僅是為了擺脫無趣又熟悉的日子，
更如同一個人生導師，讓我深刻體會到平凡又重複的生活有
多珍貴、值得感謝。旅行幫助我回顧自己、瞭解自己，就像
一個最好的伴侶，帶給我生活的能量，而且當我因為人和世
界而受傷、感到疲憊時，旅行也安撫了我的內心。

　　我跟心愛的人分手後前往宿霧，將悲傷投入深邃的海洋

中；跟同事一起去韓國江原道束草旅遊，為煩悶的工作充飽電；對生活感到疲乏、需要休息時，我到長灘島再次思考人生的意義和方向；在峇里島目睹眼前的大橋被暴雨沖垮的景象時，我體會到生命以及身邊之人的可貴。像這樣親身接觸後得到的教誨，沒有其他方式比得上，正如有句話說：「讀萬卷書，不如行萬里路。」

媽媽這輩子最後悔、最遺憾的就是沒能在年輕時去更多地方旅行。有時候有錢卻沒時間、有時候有時間卻沒錢，而有時候就算有錢又有時間，身體狀況卻不允許，或是像現在這樣發生疫情之類的意外狀況。所以，不要拖延，有機會就去旅遊吧！錢雖然沒了，但旅行的記憶會保留一輩子。

印度的哲學家奧修談論旅遊時，說道：「旅遊至少會帶來三個好處。第一，對於異國的知識；第二，對於故鄉的感情；最後一個，對於自我的瞭解。」回想起來，我體會到生命和日常生活的可貴、發現幸福的地方，往往是在藍天之下、道路之上。每次旅行結束回家，好像都有一點點不同，只要出發去旅行，在當地所見的新風景，也會改變我們心中的風景。女兒，我愛你，你覺得怎麼樣？要不要打包行李，現在就出發去旅行呢？

　　PS. 計畫不完美也無妨，旅行就是享受生活中的空檔。✻

當生活出現問號、
需要逗號時，
媽媽就會打包行李，
出去旅行。

夢想

「懷抱夢想的人，
會離夢想越來越近。」

　　我的女兒，你會為未來煩惱嗎？本來以為大學畢業、工作穩定之後，就再也不用擔心將來，沒想到年紀越大，反而越會去思考自己到底喜歡什麼。

　　其實所謂的夢想，並沒有我們想的那麼龐大，也沒有多麼特別。也許只是去實踐日常中所看、所感受的，也或許只是尋找生活的價值和方向。這些不經意的小事，都有可能成為我們的夢想。

　　不過，在構思該擁有什麼樣的夢想、想過什麼樣的生活時，難免讓人感到茫然。這種時候，可以透過大量的體驗和閱讀，直接或間接地去看、去感受更多事物，久而久之，喜歡的東西就會在某個時刻主動出現，並在心中萌芽。像這樣自然而然導引出的夢想，將在建立大大小小的人生目標時，

影響我們的方向。

可能不會有人為你指引夢想的路徑，也不是每個十字路口都有路標指認方向。不過，這段以自己的力量尋找道路的過程，就是我們的人生，而我們也會在其中找到自己存在的原因，以及生活的意義。

其實媽媽是到二十五、二十六歲才開始認真思考夢想。以前常常想「長大後要做什麼工作」，但似乎從來沒考慮過「我要過什麼生活、想做什麼事情」。後來某次在公司舉辦的講座中聽到相當令我感動的演講，啟發了我新的夢想和生活方向。主題不是別的，正是「以自己喜歡且擅長的事情，帶給別人一點幫助」。

當天晚上我反覆重溫演講內容，深深思考了關於生活的真諦，媽媽的夢想也因此在心中扎下了根。不知道夢想是什麼時，也可以找一位發自內心想要效仿的榜樣，光是為了更像那個人而不斷努力，就能夠離憧憬的樣貌越來越近。

美國耶魯大學曾經針對特定年度畢業的學生做過一份調查，在畢業生當中有百分之三的人，平常會習慣將自己的夢想或理想寫成文字記錄下來。經過二十年後，那百分之三畢業生的資產，比沒有寫下理想的百分之九十七的人加起來還要多。這個研究結果顯示，清楚認知自己的夢想和理想，並為此付出努力的人，越能夠在社會上獲得成功。

為什麼媽媽年過四十還是繼續學習呢？難道是想要吃得更好、過得更好嗎？當然這也不錯，但更正確地說，是想要「和更多人一起」吃得好、過得好，這是媽媽的夢想。學習只是為了達成夢想的途徑，好大學、好工作也只是為了達成夢想的方法，並不代表夢想本身。

　　你聽到可能會笑我，但其實我連在學生時代都沒有這麼努力，是因為有了夢想之後，才產生想要學習的動力。當然我常常會在念書念到很晚，或是寫作卡關時疲憊無比，但即使如此，我還是沒有放棄的原因，正是因為心中有夢想。

　　學生時期沒有夢想、只是一股勁盲目念書，學習本身就是壓力。不過如今，學習成為實現夢想的方法，而夢想是我認為值得全心付出的事，想到這點，學習的心態就改變了。夢想讓我學習，也讓我變得堅強。

　　無論如何，「此時此刻做好」很重要，但「持之以恆做好」也同樣重要。「持續做平凡的事，會讓人變得不平凡」，我由衷相信這句話。有人說，活過漫長人生，卻沒有故事可說的人是窮人。無論再怎麼富有，也無法成為人生的富翁。請記住，無論你所想的、所期盼的夢想是什麼，光是心中有夢想這件事，就已經很有意義。

　　美國知名詩人朗費羅曾被問過，如何在老年保持青春，他的回答是：「老樹能開花結果，是因為它持續生長。雖然

我的年紀很大了，但仍然每天以成長的心態過活。」物理年齡只是一個數字，懷抱夢想的老年人比不做夢的年輕人更有活力也更美麗，人生的成功與幸福，屬於擁有夢想之人。正如法國小說家、政治家馬樂侯所說，「唯有長期懷抱夢想，才能在最後接近夢想」，希望你將這點記在心上。女兒，我愛你，希望你懇切期盼的夢想都能夠實現。

PS. 不要忘記，星星總會照亮仰望它的人。✿

「持續做平凡的事，
會讓人變得不平凡」，
我由衷相信這句話。

感動

「帶給人的感動，
會像福報般加倍出現。」

　　女兒，你在外面遇到了什麼好事嗎？一回到家就露出燦爛的微笑說：「媽媽，我愛你。在這個世界上，我最喜歡媽媽。」聽到你這麼說，不知道有多開心，你應該很難想像這樣一句微不足道的話，讓媽媽多麼感動又幸福。「感動」的言語，明明是從耳朵聽到，胸口卻澎湃又溫暖。

　　「感動他人」是媽媽的座右銘之一，透過言語帶來感動是我最喜歡的事，也是我最愛說的話。如果要選出招喚幸福的三大能量，我會毫不猶豫地說出：「愛、感謝與感動」。「看起來總是很幸福的人，他們其中一樣共通點，就是擁有感動別人的習慣」，我全然認同這句話。帶給人感動的生活、伴隨著感動的生活，會讓我們的每一天變得更加豐富、更加有意義。

有個感動的瞬間，我久久無法忘記。在所有人都因疫情而備受煎熬的某一天，我牽著你的小手去篩檢站，想要向這些辛苦的人們表達一些心意。雖然我沒有特別的才能，也沒有什麼特別的東西，但我覺得現在這個時刻，起碼能為他們做一些小事也好，便寫下給第一線人員的感謝和鼓勵，然後帶著信和幾箱年糕前往衛生所。抵達的時候，他們正片刻不休地忙碌，不想影響他們，於是我們快速表達謝意、送上準備好的禮物後就回家。

這件事對媽媽來說，真的只是一點微小的心意，但對正處於艱難之中的人來說，意義似乎相當重大。衛生所的所長親自打電話向我道謝，說他們很想念平凡的日常生活，這段時期讓他們疲憊不已，這份意料之外的禮物，讓衛生所的人員感動落淚，得到很大的力量。

後來這件事還登上了地方政府的宣傳影片和新聞期刊，也令媽媽非常感動。報導內容是記者採訪某位被派遣到篩檢站的人員，記者問他在疫情期間有沒有印象深刻的故事，他回答說：「之前有個媽媽帶孩子來篩檢站，她真心地鼓勵我們說：『在最艱難的時期，你們不辭辛勞在第一線盡心盡力，真的辛苦了。』還送年糕過來。而且因為怕帶給我們壓力，放下禮物馬上就離開了。她的貼心讓我們很感動，那段時間累積的緊張和疲勞，在收到年糕以及溫暖的手寫信後，似乎都像融雪般消失，我們得到了很大的安慰和鼓勵。」

只是想要對辛苦的人表達小小的心意，沒想到那麼微小的舉動，卻帶給他們這麼大的安慰和力量，所以之後兩年多的期間，我還是繼續傳遞鼓勵的訊息，並送點心給他們。後來，衛生所所長在某天傳給我很多人一起致謝的照片和影片。收到訊息的當時，我正好被一件意外打擊得很痛苦。這份出乎意料的禮物，帶給我很大的感動，也讓我得到難以言喻的撫慰，當時的感動，應該是我這輩子最難忘的回憶之一。

　　親愛的女兒，相信你在生活中也一定感受過，「就算花比較多的時間，真心還是會認出真心」，以及「帶給別人的感動，總有一天會回到自己身上」。

　　不是什麼了不起的事也沒關係，一句真心話就能夠感動人。哲學家 John Homer Mills 說：「我們的生活不是取決於眼前發生的事，而是取決於我們的心態。」我們在被賦予的每一天中，帶著什麼想法跟別人說話、做出什麼行為，這些都會改變我們生活的價值。要記住，世界上所有的事情都取決於我們的選擇。

　　Give and Take，「捨與得」是世界上基本的道理，心意也是一樣，當你付出就能得到，所以不要期待有人先對你伸出手，讓自己過著感動別人的生活，這樣一來，感動也會像福報一樣回到我們自己身上。伴隨而來的感動會加倍出現，女兒，我愛你，我們一起努力帶給人感動吧！

PS. 跟你在一起的所有時間，對媽媽來說都是
　　幸福與感動。✱

不要期待有人先對你伸出手，
讓自己過著感動別人的生活，
這樣一來，感動也會像福報一樣
回到我們自己身上。

善意

「親切是照亮別人一天的魔法。」

　　我的女兒，有時候遇到辛苦的事情時，會讓我們失去原本的笑容。每當平常熱情又愛笑的你，變得不太說話，也不太笑的時候，總是令媽媽感到心痛。今天想跟你聊聊讓人又哭又笑的「善意」。

　　人為什麼喜歡花呢？因為欣賞各樣型態的美麗花朵時，會令人喜悅，也能聞到清幽的花香。如同花香讓花朵變得更宜人，希望生活變得更美好、希望變成更閃耀的人，這也是是一種善意的表現。

　　善意不需要建立在什麼特別的行為上，為後面的人扶著門、協助老弱婦孺過馬路、搭電梯時耐心等待帶著許多貨物的送貨員，這些日常生活中能輕易做到的關懷，都是一種善意。對某人說一句溫暖的話、親切的問候、燦爛的微笑，這

些微小的舉動也會讓生活變得更豐富、更有意義。

有次我單獨跟送貨員一起搭電梯。二十幾個箱子在電梯裡疊得很高，看起來很年輕、感覺剛入行的送貨員，進入電梯後按了七個樓層的按鈕，但不知道按錯了什麼，所有的按鈕都取消了，電梯回到了地下一樓。他慌慌張張地道歉，表示要讓我先搭到二十三樓，他再回來送貨。但我拒絕了，要是待會很多人要搭電梯，他的時間會被耽誤很久，於是我請他不要擔心慢慢來。就這樣，等他逐層送完所有的貨之後，我才回到二十三樓，他用低沉的聲音對我說：「真的很謝謝你等我，祝你有個美好的一天！」滿臉都是汗的他露出燦爛的笑容，幾乎露出所有的牙齒，我看到之後也不自覺笑了出來，這件事令我印象深刻。

親切、關懷，都是善意的另一個名字。有時一點點的親切，會帶給別人小小的安慰、成為活下去的力量，也有時候會像魔法般讓人心花怒放。只要向別人施展魔法，自己也會受到魔法的回饋，發自內心感到快樂。真心親切對待他人，就是讓你與我，以及所有人同時成長的方法。

我曾看過一篇文章說，得到他人的善意後，不要回報給善待你的人，而是要轉而幫助其他人，因為這樣，善的影響力才能持續循環。若你進門時有人為你扶著門，那麼你就會為後面的人扶著門，這樣他也會為其他人扶著門。善的循環開始後，善行就會自然循環下去。關懷就是一種尊重，我們

會對他人充滿關懷的小舉動深受感動、胸口變得溫熱，是因為得到了身而為人該有的尊重。懷抱著理解並關懷彼此的心意，你也會在別人心中留下美麗的身影，或是因此從意想不到的地方得到特別的禮物。

聽說在瑞士，服務是店員和顧客雙方的責任。超市裡的顧客將物品擺放在結帳台上時，會讓條碼朝向店員，幫助店員更方便結帳。我覺得，站在對方的立場思考，就是善意的起點。據說要讓鋼琴的一個琴鍵發出聲音，只需要約五十公克的重量，那微小的力量能讓琴鍵動起來，它會敲打琴弦，發出在世上原本沒有的美妙樂音。也就是說，即使渺小、微弱，當善意匯集在一起，就足以讓這個世界越來越美麗、豐富。親愛的女兒，我愛你，不要在乎自己付出的善意有多不起眼，那都將成為溫暖這個世界的龐大力量。

PS. 對自己親切也很重要，今天照亮你自己的魔法是什麼呢？✻

為後面的人扶門、
協助老弱婦孺過馬路、
搭電梯時等待帶著許多貨物的送貨員，
這些日常生活中能輕易做到的關懷，
都是一種善意。
讓生活變得更豐富、更有意義。

正念

「改變想法就能改變世界。」

我的女兒，當你竭盡所能想要好好表現，結果卻不如所想的順利，一再失敗時，一定會讓自信心大受打擊，對吧？在這種情況下，我們的確需要認真思考該怎麼克服難關、該如何面對生活，但在這之前，媽媽認為最需要的是「正向」的心態。

前短道競速滑冰國手朴勝羲，曾經在某個節目上聊到俄羅斯索契冬奧時發生的事。在女子短道速滑的項目中，最先進行的是五百公尺的比賽，當時她原本正領先，卻受到緊跟在後的兩位選手跌倒所影響，跟著連續跌倒兩次。主持人問她當時心情如何，她露出天真的表情回答：「就當第二名啊！」她站起來繼續跑，雖然又跌倒了，但她就像不倒翁一樣立刻站起來完成比賽，最後脖子上掛著相當珍貴的銅牌。

後來因為膝蓋重傷超過預期，她為了專心治療，只好放棄一千五百公尺的比賽，甚至擔心影響隊友，也考慮不參加三千公尺的接力賽。不過在團隊的鼓勵之下，受傷的她依然發揮鬥志，在三千公尺的接力賽和一千公尺的競賽都拿到了金牌，成為二冠王。

　　她不是在遠距離的一千五百公尺、三千公尺接力賽中跌倒，而是在勝負轉眼之間的五百公尺賽事中跌倒，那瞬間很多人應該就放棄了吧，但她卻仍然締造出佳績，靠的是什麼呢？我覺得正是因為她擁有正向的心態。正向的力量不僅左右健康與幸福，對所有的事物都會帶來巨大的影響。

　　每個人都希望自己幸福。即使面對同樣的狀況，一定會有　些人覺得自己很幸福，有一些人覺得自己很不幸。我曾看過一項研究資料，找來兩個相似度很高的人，他們的長相和聲音極為相像，據說像到連第一次見到他們的人，都會懷疑他們本來就是家人的地步，由此可見有多相似，但其實他們是在研究的過程中才認識彼此。

　　然而，研究結束後，兩人的行為截然不同。在研究畫下句點後，兩人得到同樣金額的酬勞，那不是一筆小數目。當時，其中一人拿到錢之後說：「謝謝你們！下次如果還有這麼好的機會，我很樂意參加，所有的研究人員都辛苦了。」另一人則抱怨：「只有這樣嗎？我這麼努力耶！可以再多給我一點嗎？我只值這些錢嗎？」你感受到兩者的差異嗎？這

並不單純只是成功與失敗的問題。

女兒，你覺得正向的思維很困難嗎？聽說如果想要改變想法，最簡單的方法就是睡眠充足、閱讀和散步。聽到這裡你也許會懷疑，這樣單純的方法能發揮多大的影響力？但我從各種不同的研究中看到，幸福指數高、不常生病的人，更容易擁有積極的想法。

同樣的玻璃瓶，有人拿來當花瓶，有人拿來當丟菸蒂的垃圾桶，心中的想法會改變生活的方式。幸福和成功都取決於心態，這就是生活的道理。親愛的女兒，只有你能選擇你的心中要裝什麼，記得，媽媽永遠會為你加油，希望你能度過少一點後悔的人生。我愛你，謝謝你今天也平安無事。

PS. 如果不知道該去哪裡，就帶著去哪裡都可以的自信吧！✿

只有你能選擇，
你的心中要裝什麼。

平凡

「今天和昨天的共通點是幸福。」

　　我的女兒，你好嗎？這是我寫給你的最後一封信。疫情爆發後，世界變成了意想不到的樣子，沒有人經歷過的生活樣貌，變成了我們的日常。

　　當我們發現曾經理所當然的生活不再理所當然時，心中難免百感交集。面臨天災等大自然的憤怒時，人類永遠無能為力；同樣地，看不見的新冠病毒，也讓全世界陷入混亂，我們在病毒面前手無縛雞之力。地球從很久以前就透過各種氣候異常的現象持續提出抗議，我想新冠病毒也是地球給人類的另一個警報。

　　說不定這就是人類貪得無厭的結果。我曾經在新聞上看到，在全世界因疫情而停擺的期間，地球反而獲得治癒。人類消失於大自然後，大自然以它的力量恢復人為破壞前的活

力。各個國家為了防止疫情擴散而禁止人們外出，自發性減少外出也被稱為是一項美德。我不禁認為，說不定站在地球的立場來看，人類才像是病毒，病毒則是一款疫苗，讓人類的破壞停止下來。

　　一切的變化如此之大，幾乎可以說是將生活區隔成疫情前與疫情後，過去的稀鬆平常不再理所當然。我們因為疫情的關係，再也無法享受到跟以前一樣的生活模式，這般困難的現實一定也讓你難以接受。某天你在睡覺前突然說，很懷念以前可以不用戴口罩散步、盡情往外跑的時候，哭著想要回到過去，媽媽聽了真的很心痛。雖然我緊緊把幼小的你抱在懷裡，摸摸你的頭安慰你，但我很清楚，這完全不足以安撫受傷的心。誰料想得到呢，有一天我們連會自由見想見的人，外出吃美味的一餐都不被允許。

　　親愛的，往後你還會遇到許多像這樣出乎意料的事，儘管如此，我還是希望你不要失去希望。我們不要把視線放在幽暗的地方，而是要看向明亮、發光的地方來生活！黑暗中閃爍的星星只會照亮仰望它的人。正如我們時常哼唱的歌詞所說，我們已經瞭解了過去平凡的日子有多珍貴，所以希望你能把未來的日子當成禮物。

　　我曾經看過有篇文章，主題是在調查職業滿意度高的職業，第一名是攝影師，其次是作家和作曲家。這篇文章中提到，職業滿意度的高低，跟薪資所得無關，這點我頗有同鳴。

對作家來說，寫作並非只是日復一日的例行公事，而是在生活中發現意義的工作。我想，這些職業的人，應該也是因為養成了在日常中發現美麗價值的習慣，所以才能擁有這麼高的滿意度。

儘管今天看起來跟昨天沒有什麼不同，但能發現到其中的美的人，感受到的幸福一定也更多吧。原來決定人生富裕的並不是擁有多少，而是能感受並同理多少。我覺得這是攝影師、作家和作曲家的共通點，生活的滿意度跟職業滿意度直接相關。其實幸福不需要什麼特別的東西，關鍵只在於帶著什麼樣的想法過日子。

我們的人生是一連串平凡的點相連，倘若能碰到電影般特別又戲劇化的時刻，可以說是相當幸運。那種幸運一輩子可能只遇得到一兩次，不，說不定一輩子都遇不到一次。與其痴痴等待難得的幸運，不如盡情享受正在發生的奇蹟，也就是如祝福般的日常生活。因為微小的事而感謝、微笑、感動、保持溫暖的笑容，充分體驗每一刻美好的瞬間。讓我們重新去感受，那些因為疫情而再次受到重視的，理所當然又平凡的珍貴時刻。女兒，我愛你，希望你永遠記住，無論冬天再怎麼漫長，春天總會來的！

PS. 與你共度的所有時光都是我最大的祝福與幸福。親愛的女兒，謝謝你當我的孩子。✽